Länder und Völker

Nordafrika

Ägypten
Tunesien
Libyen
Algerien
Marokko
Mauretanien
Mali
Senegal
Gambia

Verlag Das Beste Stuttgart · Zürich · Wien

Länder und Völker

Nordafrika

Texte und Bilder dieses Bandes basieren auf dem Serienwerk BEAUTÉS DU MONDE, verlegt bei Larousse, Paris, und erstellt von der Redaktion Larousse.

Freie Mitarbeiter

Übersetzung aus dem Französischen:
Dr. Peter Göbel
Redaktionelle Bearbeitung: Eberhard Riech

Bücher und Neue Medien

Redaktionsdirektor: Ludwig R. Harms
Redaktionelle Koordination:
Margrit Helmbold

Produktgrafik

Art Director: Werner Kustermann
Art Editor: Rudi K. F. Schmidt
Einbandgestaltung: Rolf Bez

Produktion

Produktionsdirektor: Joachim Forster
Leitung Produktion Bücher:
Alfred Wohlfart
Herstellung: Hans-Peter Ullmann

Printed in Italy
ISBN 3 87070 344 X

Inhalt

▲ *Die Pyramiden und der Sphinx in Gise werden jeden Abend angestrahlt.*

▲ *Ende Dezember findet in Douz das „Festival du Sahara“ statt.*

▼ *Auf den Wüstenfriedhöfen erinnern grobe Steine an die Toten.*

Einleitung

Nordafrika bildet zusammen mit Vorderasien und Südeuropa den Kern der Alten Welt. Das von drei Erdteilen umschlossene Mittelmeer war niemals eine natürliche Barriere, sondern lud vielmehr schon immer zum Austausch von Waren, Menschen und Ideen ein. So bestehen zwischen Europa und Afrika seit Menschengedenken enge Beziehungen, und der Kontinent, der das Mittelmeer im Süden begrenzt, wird bereits in den ältesten Berichten europäischer Geographen erwähnt. Dennoch ist das nördliche Afrika für uns ein fremder, in vieler Hinsicht unbekannter Erdteil geblieben. Die Urlaubsreise mit dem Flugzeug in einen der Badeorte an der tunesischen Küste oder die Fahrt mit der Fähre von Algeciras über die knapp 15 km breite Straße von Gibraltar nach Tanger ist auch heute noch eine Fahrt in eine fremde, exotische Welt. Wie fern uns dieser nahe Kontinent doch liegt, erkennt man auch daran, daß sich die Europäer keineswegs darüber einig sind, welche Länder eigentlich zu Nordafrika gehören. In Deutschland zählt man Ägypten ganz selbstverständlich zu Nordafrika, während die Franzosen meist nur die Atlasländer Marokko und Algerien als *L'Afrique du Nord* bezeichnen. Über den Verlauf der südlichen Grenze Nordafrikas gegenüber West-, Zentral- und Ostafrika sind die Meinungen mindestens ebenso geteilt. Am besten hat sich immer noch eine Abgrenzung nach den klimatischen Verhältnissen bewährt, denn die Grenze zwischen der Zone mit subtropisch-tropischem Trockenklima im Norden und der tropischen Sommerregenzone im Süden deckt sich ungefähr mit der Grenze zwischen „Weißafrika“ und „Schwarzafrika“.

Der Grenzsaum zwischen den traditionellen Siedlungsgebieten der hellhäutigen Rassen Nordafrikas und den schwarzen Völkern des tropischen Afrika folgt allerdings nicht überall den Klimagrenzen. Vor allem an der atlantischen Küste reicht der Mischungsbereich zwischen Schwarz und Weiß weit in die Trockengebiete hinein. Dieser Band schließt daher neben Ägypten, Tunesien, Libyen, Algerien, Marokko und Mauretanien auch die überwiegend schwarzafrikanischen Staaten Mali, Senegal und Gambia mit ein.

Die Gesamtfläche der genannten Staaten umfaßt mehr als 8 Mio. km². Somit ist Nordafrika deutlich größer als z. B. Australien oder Europa, das Staatsgebiet der Sowjetunion nicht mitgerechnet. Allein fünf der neun Staaten haben eine Fläche von jeweils über 1 Mio. km². Dagegen beträgt die Einwohnerzahl aller Länder Nordafrikas insgesamt nur 126 Mio., also etwa

▲ *Im Souk der* Teinturiers, *dem Viertel der Färber in Marrakesch, hängen Girlanden scharlachrot gefärbter Wolle über den Straßen.*

so viele, wie die Gesamtbevölkerung Japans ausmacht. Der riesige nordafrikanische Raum ist demzufolge im Verhältnis zu Mitteleuropa, wo sich im Durchschnitt auf jedem Quadratkilometer die mindestens zehn- bis zwanzigfache Zahl von Menschen drängt, nur sehr dünn besiedelt. Andererseits gibt es auch in Nordafrika, beispielsweise in der Stromoase des Nil oder an der Mittelmeerküste der Atlasländer, dichtbevölkerte Gegenden; die geringe Bevölkerungsdichte im Innern des Kontinents ist natürlich darauf zurückzuführen, daß die dortigen Trockenregionen kaum bewohnbar sind.

Die dünne Besiedlung ist mit ein Grund, weshalb Nordafrika uns Europäern fremd erscheint. Auch die

▼ *Ein Laden im Gewürzbasar von Assuan mit reichhaltigem Angebot*

▲ *Meist begleiten nur Trommeln die Tänze der Berber.*

▲ *Die Diola in Senegal klettern geschickt auf die höchsten Palmen.*

▼ *Afrikanische Märkte – Plätze zum Handeln, aber auch zum Plaudern*

den Europäern vertraute kleinräumige Landschaftsgliederung ist jenseits des Mittelmeers die Ausnahme. Nordafrika hat nur wenige höhere Gebirge, dafür aber um so mehr Ebenen, Senken und Tafelländer. Man kann stunden- und tagelang durch tischebenes Gelände fahren, ohne irgendwo am Horizont eine menschliche Siedlung zu entdecken.

Die Reise übers Mittelmeer führt auch in eine klimatisch völlig andersartige Welt. Der Küstensaum hat zwar noch mediterranes Klima und mutet deshalb mit seinen Obstbaumhainen, Macchien und kleineren Waldinseln wie eine Landschaft Spaniens, Italiens oder eines anderen südeuropäischen Landes an. Landeinwärts nehmen die Niederschläge jedoch rasch ab, und das Pflanzenkleid wird immer kärglicher. Im größten Teil Nordafrikas betragen die mittleren Niederschläge 50–100 l pro Quadratmeter und Jahr – der sprichwörtliche Tropfen auf den heißen Stein, wenn man bedenkt, daß bei Lufttemperaturen bis über 50 °C jährlich 2000, 5000, ja bis mehr als 7000 l jährliche Niederschlagsmenge durch die Verdunstung aufgezehrt werden können. Der Trockengürtel, der entlang dem Nördlichen Wendekreis um den Erdball verläuft, zeigt sich hier zwischen Nil, Niger und der Atlantikküste von seiner drastischsten Seite. Nordafrika ist die extremste Wüstenregion unseres Planeten und die Sahara mit 6000 km Länge und 2000 km Breite die größte Wüste der Erde.

Es liegt gewiß nicht nur an der fremdartigen Landesnatur, daß sich ein Europäer in Australien oder Südamerika eher heimisch fühlt als im nördlichen Afrika. Sicherlich wären die Gegensätze zwischen Nordafrika und Europa geringer, wenn Karl Martell im Jahr 732 durch seine Siege bei Tours und Poitiers nicht den Vormarsch der Araber zum Stillstand gebracht und die katholischen Könige Spaniens nicht 800 Jahre später den letzten Mauren von der Iberischen Halbinsel vertrieben hätten. So aber stehen sich seit mehr als 1000 Jahren das christliche Europa, also das Abendland, und Nordafrika als Teil des islamischen Orients gegenüber. Während an der Südgrenze der Sahara die geographischen, aber auch die religiösen Grenzen zwischen den Moslems und den Anhängern schwarzafrikanischer Stammes- und Naturkulte eher fließend sind, sind die christliche und die islamische Welt im Norden durch schmale Meeresstraßen scharf voneinander getrennt. Dabei waren die Geschicke Nordafrikas und Südeuropas in phönizischer, griechischer und römischer Zeit jahrtausendelang eng miteinander verflochten.

Die Redaktion

▲ *Die Stufenpyramide des Pharaos Djoser in Sakkara entstand zwischen 2609 und 2590 v. Chr. unter der Leitung des berühmten ägyptischen Baumeisters Imhotep. Sie gilt als das älteste aus behauenen Steinen errichtete Bauwerk der Welt.*

ÄGYPTEN

Das Land der Pharaonen, ein Geschenk des Nil, liegt zwischen Mittelmeer und Rotem Meer an der Nahtstelle von Afrika und Asien. Hier entstand vor rund 5000 Jahren eine der ältesten Hochkulturen der Menschheit.

Die Abschaffung der Monarchie und die Verkündung der Republik Ägypten am 18. Juni 1953 markierten einen entscheidenden Wendepunkt in der langen Geschichte dieses nordafrikanischen Landes, denn erstmals seit dem Jahr 332 v. Chr., als Alexander der Große Ägypten eroberte, übernahmen wieder Ägypter die Macht im eigenen Land. Mit der neugewonnenen Unabhängigkeit bürdete sich die junge Republik unter der Führung Nassers allerdings auch eine neue, schwierige Aufgabe auf: die einer Führungsmacht der arabischen Welt. Diese Rolle war und ist für Ägypten um so problematischer, als das Land am Nil von allen arabischen Ländern zwar die meisten Einwohner hat, im Gegensatz zu den erdölreichen Bruderländern jedoch nur über bescheidene Vorkommen des schwarzen Goldes verfügt. Dennoch hat Ägypten in den letzten Jahren große Fortschritte bei der Industrialisierung des Landes gemacht. Nach Südafrika ist Ägypten heute die zweitgrößte Industriemacht auf dem afrikanischen Kontinent.

Eigentlich könnten sich das Land und seine Nachbarstaaten hervorragend ergänzen, aber die Zeit ist offenbar noch nicht reif dafür. So mußte Ägypten die Lasten des Konflikts mit Israel lange fast allein tragen. Als Nassers Nachfolger, Anwar As Sadat, Ende der 70er Jahre Friedensverhandlungen mit Israel einleitete, hatte diese Initiative die Isolierung Ägyptens innerhalb der arabischen Welt zur Folge. Nach der Ermordung Sadats (1981) übernahm Hosni Mubarak das höchste Staatsamt; seine Bemühungen um

▲ *Das Ägyptische Museum in Kairo birgt eine überwältigende Fülle ältester Kunstschätze, darunter diese vergoldete Skulptur der Göttin Hathor. Sie zeigt die Göttin in Gestalt einer Kuh mit der Sonnenscheibe zwischen den Hörnern.*

einen Dialog mit den arabischen Bruderstaaten führten 1989 zur Wiederaufnahme Ägyptens in die Arabische Liga.

Sakkara

Die Nekropole von Memphis

Die künstlerischen und technischen Meisterleistungen des Alten und des Neuen Reichs drängen die ältesten Zeugnisse der ägyptischen Kultur manchmal in den Hintergrund. Sie sind jedoch unübersehbar, und der beste Ort, die Kultur der ägyptischen Frühzeit kennenzulernen, ist das Ägyptische Museum in Kairo, das mit seinen mehr als 150 000 Exponaten eine überwältigende Fülle ägyptischer Kunstschätze birgt. Die Funde aus der Frühzeit sind vor allem in den Sälen im Obergeschoß ausgestellt. Man findet dort neben Schmuck und Kleinfunden aus allen Epochen türkisblaue Fayenceplättchen, zylinderförmige Vasen aus Diorit, Porphyr und Serpentin, Schminkpaletten und Spatel aus Grünschiefer.

Die meisterhaft gearbeiteten Stücke wurden im 4. Jt. v. Chr. ohne Metallwerkzeuge hergestellt. Bei den auf den Vasen abgebildeten Personen fällt auf, daß das Gesicht im Profil, der Oberkörper dagegen von vorne zu sehen ist – eine Darstellungsform, die bis zur Besetzung durch die Römer im Jahr 30 v. Chr. beibehalten wurde und demnach also schon in der Frühzeit entwickelt war. Die Schminkpalette des Narmer um 3200 v. Chr. zeigt den König von Oberägypten, der einen libyschen Gefangenen erschlägt. Sie läßt keinen Zweifel daran, wer die Macht im Staat besaß, und beweist zugleich, daß die Kunst zur Darstellung politischer Themen und militärischer Stärke benutzt wurde.

Die altägyptische Kunst war vor allem eine religiöse Kunst, die fast ausschließlich dem Götter- und Totenkult diente. Nur so ist es zu verstehen, daß die ägyptischen Bildhauer versuchten, durch geheimnisvolle Riten ihren Werken Leben einzuhauchen. Manchmal wickelten sie Skulpturen in Leichentücher und begruben sie. Für sie waren die Statuen Träger des Lebens.

Vielleicht war Narmer, einer der letzten Könige der prädynastischen Zeit, kein anderer als König Menes aus Thinis, der Unter- und Oberägypten vereinigte und die erste Dynastie begründete. Einige Forscher sind davon überzeugt. Menes gilt jedenfalls als der erste nachweisbare Pharao, der das Reich Memphis zu Beginn des 3. Jt. v. Chr. gegründet haben soll.

Von den aus Lehmziegeln, Holz und Schilfrohr errichteten Palästen der Frühzeit ist selbstverständlich nichts erhalten geblieben. In Abydos und Sakkara wurden allerdings zwei verfallene Nekropolen ausgegraben, die ziemlich genaue Hinweise auf die Baukunst dieser frühen Epoche geben. Bereits zu jener Zeit wurden in den Totenstädten Eingangsrampen in den Fels gehauen und Fallgitter eingebaut, um den Zugang zu den Grabkammern zu versperren. Ähnliche Konstruktionen tauchen wenig später auch bei den Bauwerken in Mesopotamien auf. Wie die Historiker übereinstimmend feststellten, entwickelten sich übrigens auch Ackerbau, Schrift und der astronomische Kalender an den Ufern der weit voneinander entfernten Flüsse Nil und Euphrat in etwa dem gleichen Zeitraum.

▲ *Sakkara: Die Opferkammer der Mastaba (Bankgrab) des Mereruka, eines Ministers aus der 6. Dynastie. Symbolisch steigt der Verstorbene aus einer Nische in die Kammer hinab.*

Die Wiege der ägyptischen Architektur war Sakkara, die Nekropole von Memphis, der einstigen Hauptstadt Ägyptens. In den großen, stufenförmig angelegten Grabbauwerken wurden die sterblichen Überreste von Pharaonen der verschiedensten Dynastien beigesetzt. Das Grabmal des Königs „Schlange" aus der 1. Dynastie barg ursprünglich mehr als 300 aus Lehm geformte Stierköpfe, die wahrscheinlich bei den Begräbnisfeiern als Opfergaben dargebracht wurden. Die Ruhestätte enthält mehrere Scheintüren, die den Türen des Königspalasts nachgebildet sind. Nahe der Grabstätte entdeckten Archäologen den Ankerplatz der Nilbarken, mit denen Pilger zu den heiligen Stätten im Delta des Stroms hinabfuhren.

Im Jahr 1850 beschloß der französische Ägyptologe Auguste Mariette, sich auf die Suche nach der sogenannten Sphinxallee zu begeben, über die der griechische Geograph Strabo in seinen Schriften berichtet hatte. Ohne Begleiter und nur spärlich ausgerüstet, ging Mariette sein Vorhaben an. Tatsächlich entdeckte er 134 dieser Steinbilder im Wüstensand, die ihn zum Serapeum in Sakkara, dem Totentempel des Gottes Sarapis, führten. Seit der 26. Dynastie der Pharaonen wurden hier in riesigen Granitsarkophagen die heiligen Apis-Stiere beigesetzt. Diese Entdeckung markiert den Beginn der grandiosen archäologischen Erforschung Ägyptens.

◀ *Die Reliefs im Tempel Ramses' II. in Abydos zeigen u. a. Kriegsgefangene. Im ersten Säulensaal sieht man auch Prozessionen zu Ehren des Gottes Osiris.*

Der genialste Baumeister Ägyptens

Imhotep – ein begnadeter Architekt

Die Vorliebe der alten Ägypter für monumentale Bauwerke spiegelt sich bereits in der Nekropole Sakkara wider. Als Begründer der Monumentalarchitektur gelten Djoser, der zweite Pharao der 3. Dynastie (um 2600 v. Chr.), und sein Ratgeber Imhotep, ein genialer Architekt. Der weise Imhotep, später als Erfinder der Steinbaukunst und Schutzpatron der Baumeister und Heilkundigen zum Gott erhoben, schuf hier das erste aus behauenen Steinen errichtete Bauwerk der Welt, die Stufenpyramide des Djoser. Selbstverständlich handelte es sich um ein monumentales Grabmal. Wenn schon die Paläste aus Holz und Lehmziegeln bestanden, die leicht verwitterten, dann sollte die letzte Ruhestätte des Königs und seiner Familie aus beständigerem Material gebaut sein. Für das Bauwerk wählte Imhotep Kalkstein, für die Bildnisse äußerst verwitterungsbeständige Gesteine wie Granit, Diorit und Serpentin. Die gewaltigen Steinmassen, die er aufeinandertürmen ließ, betonen noch

▶ *Der Alabastersphinx in Memphis, der alten Hauptstadt Ägyptens, stellt vermutlich Amenophis II. (18. Dynastie) dar. Die 1912 entdeckte, an ihrer rechten Seite stark verwitterte Figur wiegt etwa 80 t.*

▶ ▶ *Von den drei großen Pyramiden in Gise (El Giza) hat lediglich die Chephrenpyramide einen Teil ihrer ursprünglichen Ummantelung behalten. Da sie auf einem Hügel steht, überragt sie sogar die Pyramide des Cheops (hinten).*

▲ *Wächter am Eingang zum weltberühmten Pyramidenfeld: der kolossale Sphinx von Gise. Allabendlich wird die 20 m hohe Monumentalfigur (ein Löwe, der vermutlich das Antlitz des Pharaos Chephren trägt) von Scheinwerfern angestrahlt.*

die Absicht, das Grabmal für die Ewigkeit zu erbauen.

Unter der sechsstufigen Pyramide befindet sich das Grab des Königs. Ursprünglich war die Ruhestätte nur als einfaches Bankgrab (Mastaba) mit einem unterirdischen Sargraum und einem Hügeloberbau angelegt, dann erhöhte man sie jedoch zunächst zur vierstufigen und schließlich zur sechsstufigen Pyramide. Neuere Untersuchungen lassen allerdings auch eine andere Deutung der Baugeschichte zu. Bei der Stufenpyramide des Djoser soll es sich vielmehr um eine „Bauruine“, eine unvollendete Pyramide, handeln, die eigentlich in der klassischen Pyramidenform geplant war. Wenn diese Deutung zutrifft, dann wird man die Annahme, daß der Bau eine riesige Treppe symbolisiert, über welche die Seele des Königs zum Himmel hinaufschreiten sollte, aufgeben müssen.

Die Faszination, die von der Grabanlage ausgeht, beruht vor allem auf der Tatsache, daß Imhotep sie nach dem Vorbild einer Stadt entworfen hat, allerdings einer Stadt für Tote, in der alles trügerischer Schein ist. Als man 1924 die Umfassungsmauern der Nekropole freilegte, stieß man auf kannelierte Säulen, die eine verblüffende Ähnlichkeit mit den dorischen Säulen griechischer Bauwerke hatten, aber mindestens 2000 Jahre älter waren. Diese wie Baumstämme geformten Säulen verwendete man bereits in der primitiven Architektur der ägyptischen Frühzeit. Sie ahmen also ein traditionelles Baumaterial nach. Das gleiche ist beim Mauerwerk zu beobachten, wo die Steine Ziegelcharakter haben und zum Teil in einem rotbraunen Holzton gehalten sind. Die Decken werden von Pfeilern getragen, die wie Rundhölzer wirken, und die Wände hat man mit Fayenceplättchen verkleidet, die die Schilfmatten einer Hüttenwand nachahmen. Treppen, Gänge und Fassaden der Tempel am Hof östlich der Stufenpyramide sind ebenfalls Attrappen. Wahrscheinlich um die Wanderungen der Seelen der Toten nicht zu behindern, wurden alle Mauerecken der Grabanlage abgerundet.

In der Totenstadt gibt es natürlich auch Speicher, in denen man große Mengen von Weizen, Gerste und Feigen fand, außerdem ein Tafelgeschirr aus Alabaster, bläulichem Schiefer und roter Brekzie, das aus etwa 40 000 Teilen besteht. Eine Inschrift auf einem Becher drückt den Wunsch aus, König Djoser möge im Jenseits prachtvolle Feste feiern. Er selbst ist auf dem Paneel einer Scheintür dargestellt. Sie wird von blauen Fayenceplättchen umrahmt, die ein Flechtwerk aus Schilfrohr vortäuschen. Eine lebensgroße, aus Kalkstein gemeißelte Statue des Pharaos Djoser befindet sich in einer winzigen Kammer in dem Totentempel an der Nordseite der Pyramide. Es handelt sich dabei um eine Nachbildung; das Original ist im Ägyptischen Museum in Kairo zu sehen. Als Verbindung zur Außenwelt besitzt die Kammer zwei halb geöffnete Scheintüren und zwei echte Luftlöcher, die den Besuchern den Blick auf die lebensgroße Statue des Königs freigeben.

Die Totenstadt ist besonders deshalb sehenswert, weil die meisten Bauwerke aus den Originalteilen rekonstruiert worden sind. Dabei wurden die Monumente Stein für Stein abgetragen, Verwitterungsschäden an den Werksteinen behoben und die Bauwerke dann wieder neu zusammengesetzt. Auf diese Weise entstanden z. B. die Fassaden der beiden Scheingebäude „Haus des Südens“ und „Haus des Nordens“ sowie die interessante Kobramauer neu.

Die weitläufige Nekropole hat bereits im Altertum viele Besucher angezogen, die ihre Begeisterung über die Bauwerke durch Inschriften zum Ausdruck brachten. Das Grab Königs Djoser wurde geplündert, obwohl ein mehr als 3 t schwerer Granitblock den Zugang zur Grabkammer versperrt hatte. Von den sterblichen Überresten des Herrschers fanden die Archäologen lediglich einen mumifizierten Fuß.

Von Medûm nach Gise

Königsgräber für die Ewigkeit

Snofru, der Begründer der 4. Dynastie (2575–2465 v. Chr.), ließ in Dahschûr die Rote Pyramide errichten, so genannt nach den rötlich schimmernden Kalksteinblöcken, aus denen sie gefertigt ist. Es handelt sich um einen exakt vermessenen Bau, der als Vorbild für die großen Pyramiden von Gise gilt. König Snofru erteilte auch den Auftrag für die sogenannte Knickpyramide, bei welcher der Neigungswinkel von 54° im unteren Teil etwa auf halber Höhe auf 43° im oberen Teil abknickt. Warum nur eine einzige Pyramide in dieser Form errichtet wurde, ist bis heute nicht eindeutig geklärt. Manche Forscher sehen in ihr ein aus zwei Pyramiden verschmolzenes Bauwerk; dafür sprechen vor allem die zwei getrennten Eingangsstollen, die von zwei Seiten aus zur Grabkammer im Zentrum der Pyramide führen, sowie die zwei Totentempel. Vielleicht wollte man aber auch nur einfach mit dem Bau schneller fertig werden. Neuere Untersuchungen deuten eher auf statische Probleme hin, welche die Winkeländerung nötig machten. Die dritte Pyramide, die mit Sicherheit während der Regentschaft König Snofrus errichtet wurde, liegt weiter südlich in Medûm. Sie besteht im Kern aus einer Stufenpyramide, ähnlich der in Sakkara, die mit einem Mantel aus Kalksteinblöcken verkleidet war.

Zwischen Medûm und Gise reihen sich etwa 70 Pyramiden auf einer 70 km langen Strecke aneinander. Um der Seele des Verstorbenen den Weg in den Himmel zu ebnen, baute man in die Pyramiden enge Schächte ein, welche die Grabkammer mit der Außenwelt verbanden. Der einbalsamierte Leichnam sollte durch einen Granitsarkophag, Fallgitter, Schächte und nicht zuletzt durch die riesigen Steinmassen vor räuberischem Zugriff geschützt werden.

Die Pyramiden dienten ausschließlich einem Zweck: sie sollten das Fortleben des Pharaos im Jenseits gewährleisten, damit dieser dort weiter für das Wohl des ägyptischen Volkes wirken konnte. Um dieses Ziel zu erreichen, scheuten die Ägypter weder Kosten noch Mühen. Die größte der drei Pyramiden von Gise, die des Königs Cheops, Snofrus Sohn, wurde zwischen 2551 und 2528 v. Chr. errichtet. Sie ist wie alle anderen Pyramiden exakt nach den Himmelsrichtungen ausgerichtet. Die Abweichungen von

▶ *Die Cheopspyramide ist mit einer Höhe von 137 m die höchste Pyramide in Gise. An ihr sollen über 50 000 Arbeiter 30 Jahre lang gebaut haben. Mehr als 2 Mio. Steinblöcke wurden hier aufeinandergetürmt.*

▲ *In den Gräbern aus der Pharaonenzeit wurden einige Modelle jener Schiffe gefunden, mit denen man damals den Nil befuhr (Ägyptisches Museum in Kairo).*

den Himmelsrichtungen betragen meist weniger als ein Zehntelgrad, und das bei einem Bauwerk, das ursprünglich eine Seitenlänge von etwa 230 m und eine Höhe von 146 m hatte! Die beiden anderen Pyramiden von Gise, die des Chephren und des Mykerinos, sind kleiner, aber dennoch mit Höhen von 136 m bzw. 62 m auch imposante Bauwerke.

Bei ihrem Anblick drängt sich dem Besucher die Frage auf, wie solche monumentalen Bauwerke überhaupt errichtet werden konnten. Auf welche Weise wurden z. B. die rund 2,5 Mio., jeweils mehrere Tonnen schweren Gesteinsblöcke der Cheopspyramide millimetergenau aufeinandergetürmt, wie wurden die gewaltigen Gesteinsmassen zur Baustelle transportiert? Es gab ja damals weder Räderfahrzeuge noch Kräne oder einfache Flaschenzüge. Zweifellos wurden die Blöcke, die nicht an Ort und Stelle gebrochen werden konnten, ein Stück des Weges in Schiffen auf dem Nil transportiert. Dann lud man sie vermutlich auf Holzschlitten um und zog sie schließlich über Rampen aus Lehmziegeln auf Rollen mühsam an ihren

▶ *Die Feluken auf dem Nil werden immer seltener. Hier passiert eines dieser traditionellen Segelboote gerade die Totenstadt Theben-West mit ihren Felsengräbern. Jahrhundertelang war Theben Hauptstadt des ägyptischen Imperiums.*

▶ ▶ *Eine festungsartige Toranlage mit zwei Pylonen bildet den Eingang zum Luxortempel (Theben-Ost). Davor standen ursprünglich sechs Statuen von Ramses II. und zwei Obelisken aus hellrotem Granit. Ein Obelisk ist erhalten, der andere wurde 1836 nach Paris transportiert und auf der Place de la Concorde aufgestellt.*

▲ *Zu den eindrucksvollsten Ruinenstätten in Theben-West gehört das Ramesseum, der Totentempel Ramses' II. (1290–1224 v. Chr.). Im Bild die mächtigen Osirispfeiler vor den Resten der Vorhalle.*

Bestimmungsort. Die Schätzungen über die Zahl der Arbeiter, die beim Bau der Cheopspyramide beschäftigt waren, schwanken zwischen 50 000 und 100 000. Sie sollen 30 Jahre lang an der Pyramide gearbeitet haben, allerdings jeweils nur in der Zeit, in der die Felder vom Nil überschwemmt waren und die Feldarbeit deshalb ruhen mußte.

Angesichts der primitiven Transportmittel und Werkzeuge leisteten die alten Ägypter beim Bau der Pyramiden hervorragende Arbeit. Es erstaunt auch, wie genau Winkelgrade eingehalten wurden. So gesehen, sind die Pyramiden ebenso großartige Monumente der Technik wie der Baukunst und des ägyptischen Totenkults.

◀ *Die Memnonskolosse in Theben galten im Altertum als Weltwunder. Berühmt waren die Statuen vor allem wegen des „Gesangs" einer der beiden Figuren. Bei einem Erdbeben war diese gesprungen, und durch den Wechsel von Temperatur und Luftfeuchtigkeit erzeugte die Bruchspalte bei Sonnenaufgang fortan einen feinklingenden Ton.*

Es empfiehlt sich, diese kolossalen Bauwerke zu den verschiedensten Tageszeiten und aus den unterschiedlichsten Blickwinkeln zu betrachten: bei Sonnenaufgang und bei Sonnenuntergang, wenn sie lange Schatten werfen, zur Mittagszeit, abends bei der Ton- und Lichtschau, wenn sie mit Scheinwerfern angestrahlt werden, und vom Steilrand des Plateaus aus, auf dem sie stehen; allerdings sollten Besucher aus Rücksicht auf den Zustand der Bauwerke darauf verzichten, die Spitzen der Pyramiden zu erklimmen.

Die Tempel des Chephren

Ein „mehrsprachiger" Sphinx

Der berühmte Sphinx von Gise, ein männerköpfiger Löwe vor dem Taltempel des Chephren, hat miterlebt, wie dieses Verbot seit Jahrtausenden übertreten wird, und drückt ein Auge zu. Allabendlich bei der Ton- und Lichtschau berichtet er im Licht der Scheinwerfer über die Geschichte der hei-

▼ *An Hatschepsut, die als Königin annähernd 20 Jahre lang Ägypten regierte, erinnert der großartige Terrassentempel in Deir el-Bahari. Dieser Totentempel liegt in einem von 300 m hohen Felswänden des Westgebirges von Theben umschlossenen Talkessel.*

▲ *Seit der 12. Dynastie haben viele Generationen den Großen Amuntempel von Karnak zu einer monumentalen Tempelanlage ausgebaut. Seine Pylonen, Obelisken und Sphinxalleen spiegeln sich im trüben Wasser des Heiligen Sees.*

ligen Stätten von Gise auf englisch, deutsch, französisch oder arabisch, je nach Wochentag. Über seinen Ursprung schweigt er sich allerdings aus. Man weiß nur, daß die 20 m hohe und über 70 m lange Kolossalfigur während der Amtszeit König Chephrens von Bildhauern aus einem riesigen Gesteinsblock gemeißelt wurde. Das Gesicht des Sphinx soll die Züge Chephrens tragen, soweit man das nach den vielen Beschädigungen, die das Monument im Lauf der Zeit erlitten hat, überhaupt noch beurteilen kann. Mehrmals wurde die Figur, welche die Araber „Vater des Schreckens" nennen, unter Wanderdünen begraben und mußte wieder freigelegt werden. Auch zur Zeit Thutmosis' IV. soll der Sphinx völlig verschüttet gewesen sein. Als der Prinz einmal bei einem Jagdausflug an dieser Stelle ausruhte und einschlief, soll ihm – so zumindest will es die Legende wissen – der Sphinx im Traum erschienen sein und ihm versprochen haben, daß er bald die Königskrone Ägyptens tragen werde, sofern er ihn vom Sand befreien lasse. Thutmosis IV. tat, wie ihm geheißen, und die Prophezeiungen des Sphinx erfüllten sich bald.

Der Taltempel des Chephren, so genannt, weil er in der Talniederung unterhalb des Plateaus mit den Pyramiden liegt, gehört zu den am besten erhaltenen Bauwerken des Alten Reichs, das etwa den Zeitraum von 2640 bis 2155 v. Chr. umfaßt (3.–6. Dynastie) und gemeinhin als „Pyramidenzeit" bezeichnet wird. Man fand in ihm eine Dioritstatue des Pharaos, die heute im Ägyptischen Museum in Kairo ausgestellt ist. Der Tempel hat einen annähernd quadratischen Grundriß von 45 m Seitenlänge; seine wuchtigen Granitmauern sind bis zu 13 m hoch. An der Ostfassade führen zwei Tore in den Vorraum. In der großen Pfeilerhalle, die sich an die Vorhalle anschließt, standen an den Wänden einst 23 Dioritfiguren des Pharaos. Die aus Granitmonolithen gehauenen, vier-

◀ *Die Reliefs, welche die Wände und Säulen des Großen Ramsestempels in Medinet Habu schmücken, berichten von den Heldentaten und den reichen Opfergaben des Königs.*

▶ *Wie hier am Fuß einer Ramsesfigur im Luxortempel stellen die Statuetten an den Beinen königlicher Kolossalfiguren die Gemahlinnen der Herrscher dar.*

▲ *Unter der Herrschaft Ramses' II. wurde die Widdersphinxallee angelegt, die zum Großen Amuntempel von Karnak führt. Der Widder galt als heiliges Tier des Gottes Amun.*

kantigen Pfeiler und das massive Mauerwerk aus großen Quadern lassen den Tempel streng und kraftvoll erscheinen. Dieser Eindruck wird etwas durch die Sonnenstrahlen gemildert, die durch Öffnungen in der Decke fallen und im Lauf des Tages als gleißendhelle Lichtpunkte über die blankpolierte Oberfläche der Standbilder und des Alabasterfußbodens wandern. Außerhalb des Tempels wurden fünf Erdgruben entdeckt, die für die Sonnenschiffe bestimmt waren. Mit ihnen sollte der tote König das Gestirn bei seinem Lauf durch das Weltall begleiten. Leider waren die Gruben leer.

Die Altertumsforscher hatten schon fast die Hoffnung aufgegeben, noch eines dieser Sonnenschiffe zu finden, als im Jahr 1954 ein ägyptischer Archäologe an der Südfront der Cheopspyramide unter mächtigen Kalksteinblöcken auf eine Mulde stieß, in der ein vollständig erhaltenes Totenschiff aus Zedernholz lag. Die Barke hatte eine Länge von 40 m, und die einzelnen Bauteile waren durch dünne Schnüre miteinander verbunden. Dank der sorgfältigen Abdichtung und Tarnung der Grube war das Schiff samt der vollständigen Ausrüstung unversehrt geblieben. Es wiegt im zusammengebauten Zustand 40 t. Kein Wunder, daß die Entdekkung des Schiffs aus der Pyramidenzeit von den Forschern als archäologische Sensation gefeiert wurde.

Theben

Die neue Hauptstadt

Die Tempelanlagen von Luxor und Karnak in Oberägypten erinnern an das alte Theben, das lange Zeit Hauptstadt Ägyptens war. Schon die Herrscher der 11. und 12. Dynastie (etwa 2134–1785 v. Chr.) hatten die Stadt als Residenz gewählt, ihre eigentliche Blütezeit begann jedoch erst mit der 18. Dynastie, nachdem der ägyptische König Amosis (1552–1527 v. Chr.) die Hyksos wieder aus dem Land am Nil verjagt, Ägypten vereinigt und auf den Weg zur Großmacht geführt hatte. Mit Amosis als seinem ersten König begann das Neue Reich (1550–1070 v. Chr.), die dritte große Epoche der Pharaonen in Ägypten.

Theben liegt in einer ganz anderen Landschaft als Sakkara oder Gise. Der Nil ist hier breiter, und die Feluken, die typischen Dreieckssegler, treiben mit der Strömung gemächlich den Fluß hinab. Am rechten Ufer, wo die „Stadt der Lebenden“ lag, steigen

◀ *Die Herrscher des Neuen Reichs hatten eine Vorliebe für monumentale Bauten und Statuen. Die Kolossalfiguren strahlen große Ruhe und würdevolle Gelassenheit aus (Großer Amuntempel von Karnak).*

▲ *Zwei sitzende Kolossalstatuen Ramses' II. flankieren den Eingang zum Luxortempel. Sie sind mehr als 15 m hoch; allein die Köpfe mit der Doppelkrone, dem Symbol der vereinigten Königreiche Unterägypten und Oberägypten, messen jeweils 5 m.*

langgestreckte Hänge zu den „Drei Brüdern", einem Gebirgsmassiv der Arabischen Wüste, auf. Am linken Ufer bricht das Tafelland der Libyschen Wüste steil zum Niltal ab. Hier, auf der westlichen Nilseite, befindet sich die berühmte „Stadt der Toten".

Am Fuß der Memnonskolosse, die wie Wächter vor der Totenstadt stehen, pflügen die Fellachen unbeeindruckt ihre Felder. Die beiden riesigen, fast 21 m hohen Sitzfiguren vor dem nicht mehr existierenden Totentempel Amenophis' III. sind für Theben das, was der Sphinx für Gise ist. Mit Memnon, dem König der Äthiopier, der von Achilleus im Trojanischen Krieg getötet wurde, haben sie nichts gemein. Vielmehr stellen sie Pharao Amenophis III. dar, und die falsche Bezeichnung kommt wohl daher, daß die Namen *Amenophis* und *Memnon* in griechischen Ohren ähnlich geklungen haben.

Die Memnonskolosse sind neben einigen Grundmauern die einzigen Überreste eines 400 m langen Totentempels, von dem das Ramesseum, der Totentempel Ramses' II., und der Tempel Ramses' III. in Medinet Habu einen Eindruck geben. Um die Ent-

▲ *Großer Amuntempel von Karnak: Im berühmten Säulensaal des Heiligtums stehen nicht weniger als 134 Säulen. Sie tragen meist Kapitelle in Form von Papyrusbündeln.*

wicklung der ägyptischen Kultur besser verstehen zu lernen, sollte man jedoch zunächst andere Denkmäler besichtigen.

Der nur noch zum Teil erhaltene Totentempel des Mentuhotep in Theben-West stammt aus der Zeit der 11. Dynastie (2040–1991 v. Chr.). Er steht in Deir el-Bahari am Rand eines Talkessels, der von roten und ockerfarbenen Felswänden umschlossen wird. Wie der Tempel ursprünglich einmal ausgesehen hat, ist unter den Fachleuten umstritten. Auf einem quadratischen Unterbau von 40 m Seitenlänge wurde ein großer Saal mit vielen achtkantigen Säulen errichtet. Die besondere Bedeutung des Mentuhoteptempels besteht darin, daß der König hier erstmals nicht im Innern einer Pyramide, sondern außerhalb in einer Felskammer am Ende eines langen Stollens beigesetzt wurde. Das Grab unter dem Tempel ist also ein Scheingrab.

Unmittelbar an den Totentempel des Mentuhotep schließt sich der Tempel der Hatschepsut an, ein zugleich kühnes und schlichtes Werk. Sein Schöpfer war der Baumeister Senenmut, ein Günstling der Königin Hatschepsut. Er ließ sich dabei gewiß von der Terrassenanlage des benachbarten Tempels des Mentuhotep inspirieren, gab seinem Werk aber eine eigene originelle Note und eine bis dahin unbekannte Weitläufigkeit und Pracht. Eine Sphinxallee führt aus der Talaue des Nil in den großen Vorhof des Tempels, von dort steigt man über zwei Rampen auf eine untere und eine obere Terrasse, die in den Fels gehauen sind und mächtige Säulenhallen tragen. Das Allerheiligste liegt hinter der oberen Säulenhalle tief im Fels verborgen. Die Pfeiler und Wände sind mit Reliefs geschmückt, welche die Geburt, das Leben und die Ruhmestaten der Gottesgemahlin Hatschepsut darstellen. Ihre Bilder sind jedoch häufig getilgt, denn ihr Stiefsohn Thutmosis III., dem sie 20 Jahre lang die Macht vorenthielt, wollte damit die Erinnerungen an die verhaßte Stiefmutter für alle Zeit auslöschen.

▲ *Seit Thutmosis I. (18. Dynastie) haben alle Herrscher des Neuen Reichs den Großen Amuntempel von Karnak ausgeschmückt, meist auch mit ihrem eigenen Porträt.*

▶ *Vor dem zweiten Pylon des Großen Amuntempels in Karnak wurde zur Zeit der 21. Dynastie die 15 m hohe Statue des Priesterkönigs Pinodjem errichtet.*

▲ *Zwischen den majestätischen Säulen des Luxortempels, die vielfach noch wuchtige Architrave tragen, stehen überlebensgroße Statuen von Ramses II.*

▲ *Im Ägyptischen Museum in Kairo ist diese aus Rosenquarzit gefertigte Büste der schönen Königin Nofretete, der Gemahlin Echnatons, ausgestellt. Das Ägyptische Museum in Berlin-Charlottenburg besitzt eine noch berühmtere Porträtbüste Nofretetes.*

Karnak

Die Heiligtümer des Reichsgottes Amun

Der Ruhm Thebens beruhte auf seiner Rolle als Residenz der Pharaonen, mehr aber noch auf seiner Bedeutung als wichtigste Kultstätte des Gottes Amun. Diese Gottheit nahm am Ende des Alten Reiches um 2155 v. Chr. in der Hierarchie der ägyptischen Götterwelt noch einen der unteren Ränge ein, stieg jedoch nach der Vertreibung der Hyksos zum Reichsgott auf. Während der 11. Dynastie wurde Amun mit dem Sonnengott Re verbunden und galt seither unter dem Namen Amun-Re als Schöpfer der Welt, den man in allen Tempeln Ägyptens verehrte. Theben war von diesem Zeitpunkt an jahrhundertelang das Zentrum der ägyptischen Welt.

Beim Anblick des Großen Amuntempels in Karnak begreift man, daß Amun-Re die

▲ *Am Fuß der Wüstenberge bei Theben liegen die Häuser von Schech Abd el-Kurna verstreut zwischen zahlreichen Gräbern. Hier fanden vor allem Würdenträger der 18. Dynastie ihre letzte Ruhestätte.*

übrigen Götter Ägyptens zu Mitgliedern seines Hofstaats degradierte: Pylonen (monumentale Torbauten), Säulengänge, Obelisken, der Heilige See, die Sphinxalleen – eine großartige Anlage mit Kolossalbauten, die zu Ehren des höchsten Gottes Amun errichtet wurden. Die Könige versuchten, so gut es ging, an seinem Ruhm teilzuhaben, und ließen ihre Heldentaten auf den Mauern der Tempel verewigen, in Wahrheit jedoch wurde der Einfluß der Priesterschaft immer umfassender, bis die Priester schließlich selbst zu Pharaonen aufstiegen.

Jede Dynastie vom Mittleren Reich (11. Dynastie) bis zu den Römern hat ihren Beitrag zu der Amuntempelstadt von Karnak geleistet, manchmal indem sie das zerstörte, was ihre Vorgänger errichtet hatten. Das macht die Anlage für den heutigen Besucher sehr unübersichtlich. Dennoch sind die ineinander verschachtelten Bauwerke von herausragender künstlerischer und architektonischer Qualität: der berühmte Säulensaal mit seinem „Wald“ aus 134 Sandsteinsäulen, die einen heiligen Hain symbolisieren sollten; der große Hof, die größte aller ägyptischen Tempelanlagen; die Widdersphinxallee; die sorgfältig aus Sandstein gearbeiteten Säulen im großen Festsaal Thutmosis' III.; der Säulenhof von Thutmosis I., in dem Königin Hatschepsut zwei fast 30 m hohe und 322 t schwere Obelisken aufstellen ließ, von denen einer umgestürzt ist – alle diese Bauten sind Zeugen von Macht und Stärke dieses Imperiums, aber auch von Vergänglichkeit und Zerfall. Der Reiz der ägyptischen Architektur liegt wohl vor allem darin, daß ihre Tempelanlagen gewissermaßen wie lebende Organismen über Jahrhunderte und Jahrtausende hinweg gewachsen sind.

Unseren Vorstellungen von architektonischer Gliederung kommt der Tempel von Luxor näher, der größtenteils während der Regentschaft Amenophis' III. (um 1380 v. Chr.) errichtet wurde. Der durch Ramses II. hinzugefügte Teil mit dem großen Pylon und dem ersten Säulenhof wurde auf den Prozessionsweg nach Karnak ausgerichtet, so daß die Tempelachse jetzt abgeknickt ist. Säulengalerien mit Kapitellen in Form von Pa-

▶ *Bartschmuck war im alten Ägypten Göttern, Königen und dem Adel vorbehalten. Das Wandbild im Grab Sethos' I. im Tal der Könige zeigt den Totengott Osiris mit dem für Götter typischen aufwärts gebogenen Bart.*

▲ *Im Tal der Könige, das sich vom Niltal weit in die kahlen Berge der Libyschen Wüste hineinzieht, wurden über 60 Pharaonen beigesetzt.*

pyrusbündeln verlaufen vor den Mauern des großen Hofs und des anschließenden Säulengangs. Die Wände sind mit zahlreichen Inschriften und Reliefs verziert. Sie zeigen u. a. Szenen vom Fest der Opet, der Göttin der Fruchtbarkeit. Dieses Fest wurde alljährlich im Juli gefeiert, wenn die Hochwasserwelle des Nil Ägypten erreichte, der Strom über seine Ufer trat und die Felder mit nährstoffreichem Schlamm überzog.

Tell el-Amarna

25 Jahre Kulturrevolution

Amenophis IV. (1364–1347 v. Chr.), der „Ketzerkönig", brach mit dem Amunkult seiner Vorfahren und erhob Aton, die Sonnenscheibe, zum einzigen Gott. Seine Gemahlin war die legendäre Nofretete. Er ließ den Namen Amuns aus den Inschriften in Theben herausmeißeln und die Bildnisse des alten Reichsgottes zerstören. Amenophis IV. wollte eine volkstümlichere Religion, die nicht wie der Amunkult von der Priesterschaft eifersüchtig für sich allein beansprucht wurde. Er wandte sich heftig gegen die Verehrung des Gottes Amun, verkündete die Gleichheit aller Menschen und dichtete Hymnen an die Sonne, die zu den Meisterwerken der Weltliteratur gehören. Der König nannte sich selbst *Echnaton*, was soviel wie „Es gefällt dem Aton" bedeutet. Im vierten Jahr seiner Regierung gründete er etwa 350 km stromabwärts seine neue Residenz, die er Achet-Aton nannte. Die Lage war günstig, denn das Niltal weitete sich dort zu einer fruchtbaren Ebene, und die Felshänge, welche die Talaue umschlossen, eigneten

▶ *Obwohl die Pharaonengräber im Tal der Könige durch ausgeklügelte Sicherheitsvorrichtungen geschützt waren, wurden sie schon vor Jahrtausenden von Grabräubern geplündert. Das 1922 entdeckte Grab des jungen Königs Tutanchamun mit seinen unermeßlichen Schätzen blieb dagegen verschont.*

▶ *Die sogenannten Privatgräber in Theben, in denen hohe Beamte und Mitglieder vornehmer Familien bestattet wurden, sind wegen ihrer farbenprächtigen Wandbilder sehenswert (hier das Grab des Sennefer).*

▲ *Der Eingang zum Kleinen Tempel von Abu Simbel, einem der Felsentempel, den Ramses II. vor mehr als 3000 Jahren südlich von Assuan am Ufer des Nil errichten ließ. Nach dem Bau des Assuanstaudamms (Sadd-el-Ali-Damm) wurden die Tempel in einer großangelegten internationalen Rettungsaktion an einen höher gelegenen Standort versetzt.*

sich gut für die Anlage von Gräbern. So entstand in Tell el-Amarna, wie das Ruinenfeld heute genannt wird, die erste Nekropole am rechten Ufer des Nil. Der gesamte, ca. 12 mal 18 km große Stadtbezirk wurde durch 17 Stelen abgegrenzt.

Von der Stadt Achet-Aton (Heimat des Aton) blieb außer den Stelen, den Gräbern und dem berühmten Staatsarchiv mit den Amarnatafeln aus Ton kaum etwas erhalten. Wie die Schrifttafeln mit Keilschrift zeigen, unterhielten Echnaton und sein Vorgänger Amenophis III. mit vielen Herrschern in Vorderasien Kontakte. Der riesige Atontempel am Ufer des Nil hatte mit Ausnahme des Säulensaals kein Dach, damit die Strahlen der Sonne einfallen konnten. Auf den Wandbildern sieht man noch Hände, die sich der Sonne entgegenstrecken. Bilder des Königs und seiner Gattin Nofretete sind jedoch ausgemeißelt worden. Nach Echnaton, von dessen Tod nichts überliefert ist, kam wieder die Amunpriesterschaft in Theben an die Macht, die sie bis zur Besetzung Ägyptens durch die Römer behielt.

Wieder einmal ist das Ägyptische Museum in Kairo der Ort, wo man die Werke einer bestimmten Epoche am besten kennenlernen kann. Das gilt ganz besonders für die Funde von Tell el-Amarna. Für die kurze Epoche der Herrschaft des Sonnengottes, in der Echnaton in einer Art Kulturrevolution die Kunst des Neuen Reiches prägte, ist ein Naturalismus kennzeichnend, der sich auch nicht scheute, das Privatleben des Königs und seiner Untertanen offen darzustellen. Neben Kairo besitzt auch Berlin-Charlottenburg eine weltbekannte Sammlung von Funden aus Tell el-Amarna, darunter die Gipsbüste der Königin Nofretete, die im Haus des Bildhauers Thutmosis gefunden wurde.

Das Tal der Könige

Die Schätze des Tutanchamun

Wenn man im Ägyptischen Museum in Kairo vom Amarnasaal zum Obergeschoß hinaufsteigt, gelangt man zu den Sälen, in denen die Goldsarkophage, die Totenmaske und zahlreiche andere Funde aus dem Grab Tutanchamuns ausgestellt sind. Sie zeugen davon, daß unter der Herrschaft Tutanchamuns, des Nachfolgers Echnatons, der Sonnenkult wieder abgeschafft worden war und die Ägypter zu ihrer alten Religion und Kunst zurückkehrten, ohne aber die Machtkonzentration der Amunpriesterschaft neu aufleben zu lassen. Der König Tutanchamun, der sehr jung starb, regierte wohl nur im Schatten mächtiger Hintermänner. Trotzdem wurde sein Grab im Tal der Könige bei Theben unermeßlich reich ausgestattet.

Tutanchamun verdankt es der Aufmerksamkeit und Beharrlichkeit des Engländers Howard Carter, daß er im Jahr 1922, genau 3261 Jahre nach seinem Tod, doch noch zu spätem Weltruhm gelangte. Die unermeßlichen Schätze, die im Grab des jungen Königs gefunden wurden, beanspruchen allein mehr als ein Viertel der Ausstellungsfläche im Obergeschoß des Ägyptischen Museums: Elfenbeintruhen, vergoldete Königs- und Götterstandbilder, Prunkbetten aus vergoldetem Holz, Teile von Kampfwagen, Alabastervasen, eine goldene Mumienmaske und nicht zuletzt die Särge in Mumienform, die zum Teil aus massivem Gold bestehen.

Die beiden äußeren der vier Särge, in denen Tutanchamun zur letzten Ruhe gebettet wurde, ein Sandsteinsarkophag und ein vergoldeter Holzsarg, blieben in der Grabkammer zurück. Vor der Besichtigung des Grabes sollte man aber noch einen Abstecher zur Stadt der Nekropolenarbeiter und ihren Gräbern unternehmen. Die Arbeiter, die in der kleinen Stadt wie in einem Getto lebten, meißelten seit der 18. Dynastie vier Jahrhun-

derte lang ungezählte Gräber in die Felswände der kahlen Berge und gruben sich bis 60 m tief in den Fels.

Bis heute wurden etwa fünf Dutzend Ruhestätten für Könige im Tal der Könige und mehr als 500 Privatgräber von hohen Beamten in der näheren Umgebung entdeckt. Fast alle waren vorher von Grabräubern geplündert worden. Welche Schätze sie enthalten haben mußten, kann man angesichts der Grabbeigaben ermessen, die dem jungen und

▲ *Vier riesige Statuen Ramses' II. flankieren die Pforte des Großen Tempels von Abu Simbel. In einer Felsnische über dem Eingang die Figur des Re-Harachte, des Gottes der aufgehenden Sonne, mit Falkenkopf und Sonnenscheibe.*

noch relativ unbedeutenden König Tutanchamun, dessen Grabkammer durch das etwa 250 Jahre später angelegte Grab Ramses' VI. gut geschützt war, auf seiner Reise ins Jenseits mitgegeben wurden. Einige Gräber sind wahre Paläste, z. B. das Grab Sethos' I., dessen Korridore auf 117 m Länge mit Wandbildern und Skulpturen verziert sind. Schöne farbige Malereien zieren auch das Grab Amenophis' II., die indes nicht nur Schmuck sind, sondern auch eine religiöse Bedeutung haben. Im Grab Amenophis' II., einem der am besten gesicherten Gräber im Tal der Könige, fand man Ende des vorigen Jahrhunderts die Mumien von zwölf Königen, die während der 21. Dynastie wohl aus Sicherheitsgründen in dieses Grab umgebettet worden waren.

Abu Simbel

Rettung aus höchster Not

Die Schlacht von Kadesch, die Ramses II. im Jahr 1271 v. Chr. bei einem Feldzug gegen die Hethiter siegreich beendete, ist das Motiv vieler Wandbilder. Die Reliefs zeigen, wie der Pharao mit einer Vorhut von der

▲ *Bereits nach dem Bau des ersten Assuanstaudamms Anfang dieses Jahrhunderts standen die Bauwerke auf der Nilinsel Philae teilweise unter Wasser. Im Zuge der großangelegten Bergungsaktion bedeutender Kulturdenkmäler wie z.B. der von Abu Simbel wurden auch diese Tempelbauten auf eine höher gelegene Nachbarinsel versetzt.*

deutlich überlegenen Streitmacht der Hethiter überrascht wurde, dem Feind aber so lange Widerstand leistete, bis Verstärkung eingetroffen war. Stolz behauptet der Pharao in einer Inschrift: „Ich habe die Ebene von Kadesch mit ihren Leibern leichenblaß gemacht, und angesichts ihrer vielen Gefallenen weiß man nicht, wo man den Fuß hinsetzen soll." Auch wenn die Schlacht in Wirklichkeit nicht so klar entschieden wurde, läßt die Inschrift doch keinen Zweifel über den Ausgang des Kampfes. Die Nachwelt hat dem selbstherrlichen König seine hochtrabenden Worte verziehen, wie die Maßnahmen zur Rettung seines vor mehr als 3000 Jahren am Ufer des Nil errichteten Felsentempels verdeutlichten.

Der Große Felsentempel von Abu Simbel liegt westlich des Nil nahe der Grenze zum Sudan. Nach dem Bau des Assuanstaudamms (Sadd-el-Ali-Damm) drohte er zusammen mit den vier 20 m hohen Kolossalfiguren, in Gestalt derer sich Ramses II. den Besuchern in aller Bescheidenheit präsentiert, in den steigenden Fluten des Stausees zu versinken. Eine von 1964 bis 1972 durchgeführte internationale Rettungsaktion bewahrte den Großen Tempel und den Kleinen Hathortempel vor diesem Schicksal. Die Bauwerke wurden in Elemente von 20–30 t Gewicht zersägt und in erhöhter Lage originalgetreu wieder aufgebaut.

Alexandria

Die Stadt Alexanders des Großen

Nach der fast 200jährigen Besetzung durch die Perser ab 525 v. Chr. eroberte Alexander der Große 332 v. Chr. das Land am Nil, das kaum Widerstand leistete. Damit begann die 300jährige Herrschaft der Griechen in Ägypten. Der griechische Historiker Plutarch berichtet, daß dem makedonischen Feldherrn, nachdem er das Orakel des Amun befragt hatte, im Traum befohlen wurde, sich zur Insel Pharos an der Mündung des westlichen Nilarms zu begeben. Dort angekommen, sah er, wie ein Vogelschwarm plötzlich den Himmel verfinsterte, und zögerte wegen dieses bösen Omens, an diesem Ort jene Stadt zu gründen, die seinen Namen tragen und zu den größten und schönsten Metropolen des Altertums zählen sollte.

Auch bei nüchterner Betrachtung war die Gründung Alexandrias an dieser Stelle damals ein Wagnis. Die flache Küste mit ihren seichten Gewässern eignete sich kaum zur Anlage eines großen Hafens, in dem die Schiffahrt zudem ständig durch unberechenbare Strömungen und Sandbänke gefährdet war. Außerdem hatten sich an dem schmalen Küstenstreifen, der sich an den Marschen entlangzog, Seeräuber eingenistet. Nur die winzige Insel Pharos bot sich als Brückenkopf zwischen den beiden Welten an: auf der einen Seite das emporstrebende Griechenland, das dem Leben zugewandt war und die Menschheit befreien wollte, auf der anderen Seite Ägypten, das ganz im Jenseitsglauben befangen war und sein Erdenleben vor allem auf das Leben nach dem Tod ausrichtete.

Alexander der Große, der auf seinen Feldzügen bis an den Fuß des Himalaja Städte gründen ließ, beauftragte Deinokrates, seinen besten Städteplaner, sowie die Elite seiner Ingenieure mit der Gründung der Stadt Alexandria und zog dann weiter nach Osten. Die griechischen Baumeister verbanden die Insel Pharos durch einen Steindamm mit dem Festland, errichteten Wellenbrecher und schufen so an der hafenfeindlichen Küste zwei sichere Häfen, den Portus Eunostos (Westhafen) und den Portus Magnus (Osthafen). Um die Stadt mit Trinkwasser zu versorgen, bauten sie ein System von dreistöckigen Zisternen, die zusammen mit den Nekropolen eine unterirdische Stadt unter der eigentlichen Stadt bildeten. Während seiner Blütezeit zählte Alexandria 500 000 Einwohner; im 1. Jh. n. Chr. war es die zweitgrößte Stadt des Römischen Reichs. Als Napoleon 1798 dort landete, war Alexandria nur noch ein verschlafener Marktflecken mit 7000 Seelen. Inzwischen ist die Bevölkerung auf fast 3 Mio. angewachsen, und die meisten Ruinen aus dem Altertum sind unter Beton verschwunden. Über den Grundriß der antiken Stadt, dem die Straßen des modernen Alexandria ungefähr folgen, ist nur wenig bekannt. Man weiß jedoch, daß sie schachbrettartig mit breiten, sich rechtwinklig kreuzenden Straßen angelegt wurde und von mächtigen Ringmauern umgeben war.

Die letzten Tempel

Bauwerke aus der Ptolemäerzeit

Als Alexander der Große Ägypten verließ, übergab er das Land seinem Freund, dem Feldherrn Ptolemäus, der sich 305 v. Chr.

▶ *Der von den Ptolemäern errichtete Doppeltempel von Kom Ombo bei Assuan war zwei Göttern geweiht: dem krokodilköpfigen Sobek und dem falkenköpfigen Haroëris.*

▲ *Horus, Gott des Himmels und Schutzgott der Pharaonen, wurde meist als Falke oder in Menschengestalt mit Falkenkopf dargestellt; die Abbildung zeigt die berühmte Falkenstatue vor dem Horustempel in Edfu (Idfu) südlich von Luxor.*

▲ *Die salzigen Fluten des Roten Meers umspülen die Küstengebirge der Arabischen Wüste. Vor Jahrtausenden soll sich dem Alten Testament zufolge das Wasser kurz geteilt haben, um den von den Ägyptern verfolgten Hebräern den Weg freizugeben.*

zum König ernannte und das Land zielstrebig zu einem eigenständigen Staat ausbaute. Er begründete die Dynastie der Ptolemäer, die mit dem Selbstmord der Königin Kleopatra im Jahr 30 v. Chr. unterging. Die Ptolemäer errichteten bis zur Eroberung Ägyptens durch die Römer rund 100 Tempel im Land, von denen fünf bis in unsere Tage erhalten geblieben sind: Edfu, Dendera, Kom Ombo, Philae und Esna. Davon haben der Horustempel in Edfu und der Hathortempel in Dendera die beiden letzten Jahrtausende besonders gut überstanden.

Den Vorhof des Hathortempels in Dendera betritt man durch das Nordtor. Hinter dem Vorhof schließen sich der Große und der Kleine Säulensaal sowie der Opferraum an. Dann gelangt man in das Allerheiligste, in dem die Barken und die Götterbilder standen. Um die zentrale Kultstätte sind zwölf enge, vollkommen dunkle und schwer zugängliche Krypten angeordnet, die durch einen schmalen Gang miteinander verbunden sind. In einem dieser Räume stand einst das Kultbild der Hathor, der Göttin der Liebe, der Fröhlichkeit und des Tanzes. Treppen führen hinunter zur Krypta und zum Heiligen See. Der Hathortempel in Dendera beeindruckt den Besucher durch seine Erhabenheit und Größe.

Der Tempel des Chnum in Esna besitzt eine prächtige, mit kunstvollen Reliefs geschmückte Säulenhalle und die letzten erhaltenen Inschriften aus dem alten Ägypten in Hieroglyphenschrift. Beim Horustempel in Edfu (Idfu), einer vollkommen intakten ptolemäischen Tempelanlage, fällt der gewaltige Pylon auf. Der Tempel von Kom Ombo ist als Doppeltempel angelegt, und der Isistempel auf der Nilinsel Philae mußte wie die berühmteren Felsentempel von Abu Simbel nach dem Bau des Assuanstaudamms (Sadd-el-Ali-Damm) mühsam auf eine höher gelegene Nachbarinsel umgesetzt werden.

Sandklöster

Das christliche Ägypten

Die weitverbreitete Ansicht, daß der Evangelist Markus ungefähr ab dem Jahr 40 n. Chr. bereits mit der Verbreitung der christlichen Lehre in Ägypten begann, ist umstritten. Von Alexandria aus breitete sich das Christentum jedoch rasch im Land aus. Belegt sind Christenverfolgungen ab dem 3. Jh. n. Chr., die aber den Siegeszug des Kreuzes nicht aufhalten konnten. Die alten

▲ *Die alten Ägypter kannten als Textilie nur Leinen. Die abgebildete Wollstickerei stammt aus dem 4. Jh. n. Chr. und wurde in Mittelägypten angefertigt.*

Kulte und Kultstätten verloren bald zahlreiche Anhänger und verfielen langsam. Dann kam es zum Bruch zwischen der orthodoxen Reichskirche Ostroms und der ägyptischen Kirche, die im Gegensatz zu Byzanz die monophysitische Lehre vertrat, daß in Christus nicht zwei Naturen (göttliche und menschliche) verbunden seien, sondern nur die eine Natur des fleischgewordenen Wortes. Bei der Abspaltung der koptischen Kirche spielten neben religiösen auch nationale und poli-

▲ *Sinai: Das Katharinenkloster, im 6. Jh. n. Chr. von Kaiser Justinian I. gegründet, besitzt eine weltberühmte Bibliothek und eine Sammlung wertvoller Ikonen. Es liegt am Fuß des Mosesbergs, auf dem Moses von Gott die Gesetzestafeln mit den Zehn Geboten übergeben wurden.*

tische Gründe eine Rolle, denn die Kopten fühlten sich als Nachfahren der alten Ägypter. Der griechische Name *Ai-gypti-os*, von dem die Bezeichnung Kopten abgeleitet ist, galt einst für alle Ägypter. Die Christen unter ihnen bezeichnete man später als Kopten.

Mit der Christianisierung entstanden am Rand der Wüste zahlreiche Klöster, in denen Mönche in aller Weltabgeschiedenheit ein gottgefälliges Leben führten. Manche dieser alten Klöster liegen wie wehrhafte Burgen in Fels- und Sandeinöden, andere verbergen sich in kleinen Oasen und sind nur an ihren weißen Kuppeln zu erkennen. Einst reihte sich in Mittelägypten Kloster an Kloster. Ihre Zahl ging jedoch nach der islamischen Eroberung 640 n. Chr. stark zurück. Die beiden letzten heute noch erhaltenen Klöster, das Weiße Kloster (Deir el-Abjad) und das Rote Kloster (Deir el-Ahmar), stehen am Wüstenrand nahe der Provinzhauptstadt Sohag.

▶ *Die Insel Elephantine bei Assuan wurde im Altertum als Ort der mythischen Nilquellen angesehen. Auf dem geschichtsträchtigen Eiland befindet sich auch der sogenannte Nilometer, an dem der Wasserstand des Stroms abgelesen werden kann.*

عابدين

▲ *Das Gayer-Anderson-Museum in Kairo ist in zwei Häusern aus dem 17. Jh. untergebracht. Es trägt den Namen eines britischen Majors, welcher der orientalischen Wohnkultur frönte. Das sehenswerte Anwesen besitzt viele stilvoll ausgestattete Räume.*

Beide wurden um die Mitte des 5. Jh. gegründet. Das Weiße Kloster ist nach den hellen Kalksteinblöcken benannt, aus denen seine hohen Mauern bestehen. Hinter dem Refektorium schließen sich das dreischiffige Langhaus und der von drei Halbkuppeln gedeckte Chor an. Säulen und Kapitelle im Langhaus stammen aus den nahe gelegenen Ruinen von Athribis. Das aus roten Ziegeln errichtete Rote Kloster ist, vom Baumaterial und von bescheideneren Maßen abgesehen, fast ein Ebenbild des Weißen Klosters.

Im Wadi el-Natrun, einem Tal in der Libyschen Wüste rund 100 km nordwestlich von Kairo, werden seit dem Altertum zehn Salzseen zur Gewinnung von Natron und Kochsalz genutzt. Koptische Mönche gründeten hier seit dem 4./5. Jh. rund 50 Klöster, von denen vier erhalten geblieben sind. Hinter ihrem festungsartigen Mauerring stehen Kirchen, Kapellen und andere Klostergebäude eng aneinandergedrängt um ein Grab oder eine Einsiedlerklause.

Ein ähnliches Gewirr von Kirchen findet man auch in den Klosteroasen am Roten Meer wieder. Das Antoniuskloster südwestlich von Sues wurde im 4. Jh. gegründet. Im Schutz seiner 12 m hohen Mauern, die ursprünglich keine Tore hatten, entstanden insgesamt sieben Klosterkirchen, darunter eine mit zwölf Kuppeln. Das Pauluskloster, um die Mitte des 4. Jh. entstanden, liegt noch entlegener im Wadi el-Deir, dort, wo sich der heilige Paulus von Theben 60 Jahre lang in einer Höhle verborgen aufhielt. Um die Grotte herum gruppieren sich Kirchen und Mönchshäuschen. Vom Torturm hat man den besten Überblick über die kleine Klosteransiedlung. Bei guter Sicht reicht der Blick bis zur Halbinsel Sinai am gegenüberliegenden Ufer des Golfs von Sues.

Verglichen mit der ärmlichen Einsiedelei des heiligen Paulus, ist das Katharinenkloster auf der Sinaihalbinsel ein wahres Prunkstück. Sein Ruhm reicht bis ins 6. Jh. zurück, als Kaiser Justinian I. um die bereits am Platz des Brennenden Dornbuschs errichtete Kirche eine Wehrmauer ziehen ließ. Schon Anfang des 4. Jh. hatten sich Einsiedler in das Wüstental am Fuß des Mosesbergs zurückgezogen. Das Kloster, in dem noch heute griechisch-orthodoxe Mönche leben, besitzt eine bedeutende Handschriftensammlung und etwa 2000 sehr wertvolle byzantinische Ikonen, von denen die schönsten im Vorraum der Basilika ausgestellt sind. Die Kapelle des Brennenden Dornbuschs, der heiligste Ort des Klosters, wurde an der Stelle errichtet, an der der biblische Dornbusch gestanden haben soll. Der Name des Klosters erinnert an eine Aristokratin aus Alexandria, die, zum Christentum bekehrt, später als Märtyrerin sterben mußte. Seit dem 6. Jh. lebt die Bruderschaft des Klosters unabhängig; im Jahr 1575 erkannte auch Rom ihre Autarkie an.

Der Besuch des Katharinenklosters gehört zum festen Programm jeder Studienreise nach Ägypten. Natürlich muß man bei dieser Gelegenheit auch den 2285 m hohen Mosesberg besteigen, auf dem nach der biblischen Überlieferung Gott Moses die Gesetzestafeln mit den Zehn Geboten übergab. Dabei spielt es überhaupt keine Rolle, daß von Wissenschaftlern immer wieder Zweifel geäußert werden, ob dieser Granitgipfel tatsächlich der biblische Mosesberg ist. Für das Erlebnis, einen der heiligsten Berge der Erde bestiegen zu haben, nimmt jeder Besucher den mühsamen Aufstieg und die 3400 Granitstufen gern in Kauf.

Die Kunst der Kopten

An der Schwelle zwischen Orient und Okzident

Eine der vielen alten Pilgerstraßen auf dem Sinai folgt den Spuren der Heiligen Familie. Sie wird von Stätten gesäumt, die an die be-

rühmten Flüchtlinge erinnern. Den Platz, an dem die Heilige Familie während des Aufenthalts in Ägypten einen Monat lang gewohnt haben soll, erreicht man ohne längere Fußmärsche: Es ist die Krypta der Kirche St. Sergius im Koptenviertel von Alt-Kairo, das noch von der alten Stadtmauer umschlossen wird. Gleich hinter dem südlichen der beiden römischen Türme liegt zur rechten Hand das Koptische Museum, das in 29 Sälen die weltweit reichhaltigste Samm-

▲ *Hinter dem Brunnenhaus und dem Arkadenhof der Ibn-Tulun-Moschee in Kairo erkennt man die auf Befehl Saladins errichtete, mächtige Zitadelle und die Mohammed-Ali-Moschee mit ihren beiden mehr als 80 m hohen Minaretten.*

lung koptischer Kunstwerke zeigt und auf jeden Fall einen Besuch wert ist. Das Museum ist in einem Gebäude aus dem Jahr 1932 untergebracht, das den koptisch bestimmten Baustil dieses Viertels nachahmt.

Die christliche Kunst hat in Ägypten stets eine Außenseiterrolle gespielt. Sie wurde weder von der Kirche noch vom Staat gefördert, hatte auch keine reichen Mäzene, sondern wurde nur von den Gläubigen und etlichen Mönchen getragen, die als Einsiedler in der Wüste lebten. Sie gedieh demnach unter den auch für das frühe Christentum typischen Bedingungen.

Kunstliebhaber konnten sich nie recht für die Kunst der ägyptischen Christen begeistern, denn sie blieb immer bescheiden im Hintergrund und litt unter ihrer Zwiespältigkeit. Die Kunstwerke sind immer klein und stammen von unbekannten Künstlern aus dem Volk. Welche Kontraste bestehen doch zwischen den byzantinischen Figuren in den Wandgemälden von El Bagawat, die durch ihre fast abstrakte Darstellungsweise mit den ältesten Kunstwerken des christlichen Orients eng verbunden sind, und den Mumienporträts von El Faijum, die den

▲ *Das Minarett der Ibn-Tulun-Moschee wurde vermutlich gegen Ende des 9. Jh. errichtet. Sein architektonisches Vorbild soll das berühmte schraubenförmige Minarett der Großen Moschee von Samarra (ebenfalls 9. Jh.) im Irak gewesen sein. Die Spitze des Minaretts erinnert dagegen an maurische Bauten auf der Iberischen Halbinsel.*

Verstorbenen detailgenau darstellen. In den bemalten Holztafeln, die man den Toten als eine Art „Ersatzkopf" mit ins Grab legte, lebte der altägyptische Totenkult weiter.

Die Gemälde, Elfenbeinschnitzereien, Grabstelen und anderen Ausstellungsstücke im Koptischen Museum in Kairo zeugen von einer bewegten Vergangenheit. Unter dem Wüstensand ist vieles konserviert worden, z. B. die Fresken in den Klöstern der Oase El Charga oder in Sakkara. Sie zeigen wie die Kunstwerke in den Sälen des Museums, daß die Kunst der Kopten insofern typisch ägyptisch ist, als sie zwei entgegengesetzte Strömungen in sich vereinigt. Die erste Tendenz basiert auf der griechischen Kunst, so intellektuell und sensibel wie in den besten Zeiten der Kunst Alexandrias. Die zweite Richtung entstammt der christlichen Volkskunst, naiv und voller Temperament. Sie blieb bis ins 14. oder 15. Jh., also weit über die Islamisierung Ägyptens hinaus, lebendig.

Das alte Kairo

Die Stadt der 1000 Minarette

Um 640 n. Chr. eroberten die Araber das Land, und 641 wurde Fustat, das heutige Alt-Kairo, gegründet. Die neuen Herrscher waren tolerant, wahrscheinlich weniger aus Überzeugung, sondern eher gezwungenermaßen: schließlich waren sie Ausländer und regierten das Land am Nil oft aus der Ferne. Die Dynastie der Tuluniden war ursprünglich in Kleinasien beheimatet; die Fatimiden eroberten von Tunesien aus den Maghreb und 969 Ägypten; die Dynastie der Aijubiden, die von Saladin, einem Kurden, begründet worden war, regierte Ägypten von Damaskus aus, bis im Jahr 1250 die Mameluken, ehemalige tscherkessische und türkische Sklaven, die Herrschaft übernahmen. 1516/1517 fiel Ägypten in türkische Hände und blieb bis 1798 türkische Provinz. Ägypten nahm alle diese fremden Einflüsse in sich auf und vereinte sie, so wie es bereits griechische und römische Kulturelemente miteinander verschmolzen hatte.

Die „Stadt der 1000 Minarette", wie sich Kairo gerne nennen läßt (in Wirklichkeit sind es nur etwa 400), breitet sich am Fuß der mächtigen Zitadelle aus, die auf Befehl Saladins im 12./13. Jh. erbaut wurde. Jede Dynastie hat in der Altstadt Kairos ihre Spuren hinterlassen. Die älteste Moschee der Stadt, die Amrmoschee, reicht in ihrer Anlage bis in das 7. Jh. zurück und ist zugleich das älteste islamische Gotteshaus Ägyptens. Sie wurde am Rand der alten Hauptstadt Fustat errichtet und im Lauf der Zeit nach Erdbeben und Bränden mehrmals neu aufgebaut. Die nach dem Begründer der Tulunidendynastie benannte Ibn-Tulun-Moschee, ein Backsteinbau mit Pfeilern statt Säulen, hat dagegen die mehr als 1100 Jahre seit ihrer Entstehung nahezu unversehrt überstanden. Bei ihrem Bau war die Moschee der Kalifenresidenz Samarra im Zweistromland Vorbild. Das quadratische Brunnenhaus in der Mitte des Großen Hofs zeigt eindeutig Merkmale der mesopotamischen Architektur; bei der reichen Dekoration der Kapitelle und Friese erkennt man die Hand koptischer Künstler.

Die Dynastie der Fatimiden, die aus den Atlasländern stammte und von 969 bis 1171 bestand, brach mit Bagdad, gründete ein schiitisches Gegenkalifat und im Jahr 969 eine neue Hauptstadt: Misr el-Kahira, die „Stadt des siegreichen Mars". Ihr Kern lag ungefähr auf der Höhe der heutigen El-

▶ *Die El-Ashar-Moschee in Kairo ist zugleich die älteste und bedeutendste islamische Universität der Welt. Fünf Minarette überragen den mit über 300 Marmorsäulen geschmückten Innenhof der Ausbildungsstätte.*

▲ *Die Totenstadt am südöstlichen Stadtrand von Kairo: In den Mausoleen, die reiche Familien früher für ihre Verstorbenen bauten und wie Wohnhäuser einrichteten, fristen heute viele arme Flüchtlinge vom Land ein Dasein am Rand der Existenz. Die Totenstadt wurde zum Getto.*

Ashar-Straße. Von dort führte eine breite Avenue nach Süden zu den bedeutendsten Bauwerken der Stadt. Aus dieser Epoche stammen die drei großen Stadttore Kairos: Bab el-Futuh, Bab en-Nasr und Bab ez-Zuweila. Auch bei ihnen ist die Verwandtschaft mit Bauwerken in Syrien offenkundig. Die Architekten hatten byzantinische und römische Festungen gründlich studiert.

Aus der Fatimidenzeit sind in Kairo zahlreiche bedeutende Bauwerke erhalten, darunter die eindrucksvolle El-Ashar-Moschee mit ihren großartigen Marmorarkaden. Sie dient seit 988 auch als Universität, zunächst nur mit juristischen und theologischen Fakultäten, seit 1961 mit allen Fachbereichen einer modernen Universität. Die Mamelukken, die ursprünglich von den Fatimiden als Söldner mitgebracht worden waren, gelangten nach Saladins Tod ab 1250 mehr und mehr in den Besitz der Macht. Sie verstrickten sich in endlose interne Machtkämpfe, kaum einer ihrer Sultane starb eines natürlichen Todes. Ihrem Prestigebedürfnis verdankt Kairo eine beachtliche Anzahl von bedeutenden Baudenkmälern. In ihren Moscheen, Medresen (Koranschulen) und Mausoleen spiegeln sich Einflüsse aus Anatolien, Syrien, Mesopotamien und selbst aus dem Maghreb wider. Trotzdem schufen die Mamelucken einen einheitlichen, originellen Stil, der sich durch den Kontrast zwischen großen ungegliederten Flächen und reich verzierten Portalen, Galerien und Kuppeln auszeichnet. Als Provinz des Osmanischen Reichs mußte Ägypten von 1517 bis zum Anfang des 19. Jh. schwere Zeiten durchstehen. Erst die Herrschaft Mohammed Alis (1805–1848), eines herausragenden Herrschers und Reformators, brachte einen neuen Aufschwung, wenngleich das Land noch bis zum Ausbruch des Ersten Weltkriegs unter osmanischer Oberhoheit stand. Die Mohammed-Ali-Moschee, welche der Schöpfer des modernen Ägypten 1830 von einem türkischen Architekten in der Zitadelle von Kairo errichten ließ, hat die großen Moscheen Istanbuls zum Vorbild und ist heute das Wahrzeichen Kairos. Als Entschädigung für einen der Obelisken vom Tempel Ramses' II. in Luxor, der heute die Place de la Concorde in Paris ziert, erhielt Ägypten 1845 vom französischen König Louis Philippe eine Uhr, die den Bürgern Kairos seither vom hohen Uhrturm an der Westseite der Alabastermoschee des Mohammed Ali die Zeit anzeigt.

Das moderne Kairo

Geschäftige Metropole des Nillandes

Die „1000 Minarette" der ägyptischen Metropole erheben sich über dem alltäglichen Verkehrschaos und dem Menschengewühl in den staubigen Straßen und Gassen Kairos. Neue Minarette, Wolkenkratzer aus Beton und Stahl und auch der 187 m hohe Kairoturm konnten der Stadt am Nil nicht das ersehnte Gepräge einer modernen Hauptstadt geben, ebensowenig wie es den Städteplanern gelungen ist, das rapide Wachstum Kairos in geordnete Bahnen zu lenken. Der offiziellen Statistik zufolge drängen sich im

▲ *Auf dem Platz vor dem Bab el-Asab, dem nördlichen, mit zinnengekrönten Türmen bewehrten Tor der Zitadelle, findet alljährlich ein volkstümliches Frühlingsfest statt, das vor allem Kinderherzen höher schlagen läßt.*

Stadtteil Bab el-Charia 120 000 Einwohner auf einem Quadratkilometer, wieviel es jedoch genau sind, weiß niemand zu sagen. Zur Zeit lebt mehr als die Hälfte aller Ägypter in Städten. Die meisten sind vor dem hoffnungslosen wirtschaftlichen Elend auf dem Land nach Kairo geflohen.

Obwohl überall in Kairo, einer der bedeutendsten Städte der dritten Welt und der größten Stadt Afrikas, die Wolkenkratzer in den Himmel wachsen, ist ein städteplanerisches Konzept nicht zu erkennen. Die Nachfolger Mohammed Alis begnügten sich damit, der Hauptstadt am Nil einen westlichen Zuschnitt zu verleihen und in Kairo „europäische" Bauwerke – Bahnhöfe, Verwaltungsgebäude, Krankenhäuser und sogar ein Opernhaus – zu errichten, die bald in der Flut der ohne Plan und oft ohne Genehmigung hochgezogenen Bauten untergingen. Das ausufernde Wachstum der einschließlich ihrer Vorstädte 13 Mio. Menschen zählenden Metropole spiegelt denn auch zwei entscheidende Probleme wider, vor deren Lösung sich Ägypten heute gestellt sieht: einmal die nur schwer eindämmbare Landflucht, zum anderen die explosionsartige Bevölkerungszunahme des Landes in den vergangenen Jahrzehnten.

▶ *Straßenszene in Alt-Kairo, dem ältesten Viertel der Millionenstadt am Nil. Im Häusergewirr sind zwei Rundtürme des ehemaligen Römerkastells Babylon erhalten geblieben.*

Der Assuanstaudamm

Mehr Schaden als Nutzen

Wenn der Sadd el-Ali, wie der Hochdamm bei Assuan genannt wird, schon zur Zeit der Pharaonen errichtet worden wäre, hätte man ihn zweifellos zu den Weltwundern des Altertums gezählt. Etwa 8 km südlich des ersten, bereits 1902 fertiggestellten Damms gelegen, wurden von diesem gigantischen Projekt auch Wunder erwartet, als man 1960 den ersten Spatenstich tat: Er sollte vor allem die Hochwasserfluten des Nil, die bis dahin ungenutzt ins Meer strömten, auffangen und mit dem gespeicherten Wasser das bewässerte Land um mehrere hunderttausend Hektar erweitern. Tatsächlich wurde die landwirtschaftliche Anbaufläche durch

▲ *Die naiven Malereien an der Giebelwand dieses Hauses in Dendera bilden Szenen der Pilgerfahrt des frommen Hausherrn nach Mekka ab.*

den Assuanstaudamm um etwa 15 % vergrößert, und die Ernteerträge konnten erheblich gesteigert werden. Die Flutregulierung erlaubt auch bei Niedrigwasser eine Bewässerung der Felder und macht dadurch mehrere Ernten im Jahr möglich.

Andererseits jedoch gehen seither jährlich viele tausend Hektar fruchtbares Land durch Bodenversalzung verloren, weil der Grundwasserspiegel zu stark angehoben wurde und auch die notwendige Dränage fehlt. Schätzungsweise 30 % des in Ägypten ohnehin nur knapp bemessenen Acker- und Gartenlands leiden unter der Bodenversalzung. Die Abdämmung des Stroms hat noch im Nildelta, ungefähr 1000 km unterhalb des Damms, unangenehme Folgen. Dort klagen die Fischer über immer spärlichere Fänge, weil sich der nährstoffreiche Nilschlamm hinter dem Staudamm absetzt, er die Küstengewässer daher nicht mehr erreicht und die hungrigen Meerestiere abwandern.

▶ *Ein junger Schafhirt und seine Herde, Männer mit weißen Turbanen auf Eseln – das Bild vieler ägyptischer Dörfer hat sich seit der Zeit der Pharaonen kaum verändert.*

▶ ▶ *Islamische Grabstätten, überdimensionalen Waben gleich: die Kuppelgräber von Saujet el-Metin nahe der oberägyptischen Stadt El Minya*

▲ *Das alte Berberdorf Chenini bei Foum Tatahouine in Südtunesien besteht zum größten Teil aus Höhlenwohnungen, die man in die weichen Kreideschichten gegraben hat. Gekrönt wird der Ort von einer weißen Moschee.*

Tunesien

Der kleinste und am weitesten östlich gelegene der drei maghrebinischen Staaten erstreckt sich von der Mittelmeerküste bis in die nördliche Sahara. Das heute zum großen Teil aus Wüste bestehende Land war einst eine der Kornkammern Roms.

Tunesien hat viele Gesichter: endlose Sandstrände und tückische Salzsümpfe wechseln ab mit blühenden Oasen, öden Felswüsten und Dörfern wie aus Tausendundeiner Nacht sowie Städten mit französischem Flair, römischen Tempeln und maurischen Moscheen. Die landschaftliche und kulturelle Vielfalt Tunesiens ist vor allem auf seine Lage an der Grenze zwischen dem Mittelmeerraum und dem nordafrikanischen Wüstengürtel, daneben aber auch auf seine wechselvolle und bedeutende Rolle in der Geschichte zurückzuführen. Das erste bedeutende historische Datum ist die Gründung Karthagos durch phönizische Kaufleute im Jahr 814 v. Chr. auf einer Halbinsel am Golf von Tunis. Die Handelsstadt entwikkelte sich bald zum Rivalen Roms, ließ sich auf drei verlustreiche Kriege mit den Römern ein und wurde schließlich 146 v. Chr. von ihnen völlig zerstört. Als von Julius Cäsar neu gegründete römische Provinz Africa erlebte das karthagische Gebiet um 200 n. Chr. einen neuen Aufschwung als Agrarstaat, welcher die Bürger Roms reichlich mit Getreide, Olivenöl und Wein versorgte. Diese Blütezeit endete mit dem Einfall der Vandalen um 439 n. Chr. Nachdem die Byzantiner die Vandalen vertrieben hatten, gehörte die Provinz ab 533 kurze Zeit zum Byzantinischen Reich. Das von den Römern wiedererrichtete Karthago wurde schließlich im Jahr 697 ein zweites Mal dem Erdboden gleichgemacht, diesmal von den Arabern.

Das islamische Tunesien blieb auch weiterhin ein Spielball der Großmächte. Die

▲ *Frisch gekalkt erwarten die Souks von Djerba den Ansturm kauflustiger Urlauber; geboten wird einheimisches Kunstgewerbe.*

Berber, schon seit Jahrtausenden in dem Land zwischen Mittelmeer und Wüste ansässig, standen meist unter fremder Herrschaft: Marokkaner, Spanier und Türken lösten sich mit arabischen Dynastien ab. Um die Mitte des vorigen Jahrhunderts streckte schließlich Frankreich seine Hände nach Tunesien aus und nahm es im Jahr 1881 ungebeten unter seine „Schutzherrschaft". Die Beis der Husainidendynastie blieben zwar auf dem Thron, die politische und wirtschaftliche Macht im Land besaßen jedoch die Franzosen. Nach dem Ersten Weltkrieg regte sich erstmals stärkerer Widerstand gegen die Fremdherrschaft. Unter der Führung Habib Burgibas, der in Frankreich Jura studiert hatte, kämpften die Tunesier um die Unabhängigkeit, allerdings ohne daß dabei Blut floß wie im benachbarten Algerien. Am 20. März 1956 endete die Herrschaft Frankreichs als Protektoratsmacht. Im darauffolgenden Jahr wurde der Bei abgesetzt. Nach der Proklamation der Republik Tunesien (1957) regierte Burgiba als Staatspräsident.

▶ *Noch zu Lebzeiten setzte sich Habib Burgiba, der ehemalige Präsident Tunesiens, in seiner Geburtsstadt Monastir mit einer Moschee und einem Mausoleum selbst zwei Denkmäler (im Bild das prunkvolle Familienmausoleum).*

1987 löste der liberal eingestellte Ben Ali den autokratisch herrschenden Präsidenten in seinem Amt ab und schlug einen Reformkurs ein, der Tunesien in eine pluralistisch-demokratische Gesellschaft verändern sollte: Oppositionsparteien wurden zugelassen, die Verfassung wurde geändert.

Tourismus ist Trumpf

Urlaub in Tunesien

Das faszinierende Land ist reich an Naturschönheiten, besitzt aber außer Phosphaten, kleinen Erdölvorkommen und einigen Erzlagerstätten keine nennenswerten Bodenschätze. Die Landwirtschaft steht ebenfalls auf schwachen Füßen, da nur auf etwa einem Fünftel der Landesfläche ausreichende Niederschlagsmengen fallen. Die restlichen vier Fünftel sind Steppen und Wüsten und bestenfalls als Weideland nutzbar. In den etwas regenreicheren Gebieten gibt es riesige Flächen mit Olivenhainen. Tunesien ist neben Griechenland und Spanien der wichtigste Olivenölexporteur der Welt. Auch wenn die Tunesier einen relativ hohen Lebensstandard genießen, muß noch viel getan werden, um die Lebensbedingungen der Landbevölkerung zu verbessern. Fortschritte sind überall erkennbar: Elendsviertel verschwinden allmählich aus dem Bild der Städte, viele Schulen wurden eingerichtet, und die medizinische Versorgung hat sich stetig verbessert. Seine höchste Trumpfkarte, die endlos weiten Strände und das meist sonnige Wetter, hat Tunesien noch gar nicht richtig ausgespielt, und obwohl heute bereits 20% der Deviseneinnahmen aus dem Fremdenverkehr resultieren, ist Tunesien bislang vom Massentourismus verschont geblieben. Überfüllte Strände, in vielen südeuropäischen Feriengebieten oft die Regel, sind in Tunesien noch die Ausnahme, was bei 1300 km Küstenlänge und weniger als 8 Mio. Einwohnern nicht verwundert. Tunesien bietet aber nicht nur dem Wassersportler und Sonnenanbeter etwas, auch Kunstfreunde und Entdeckernaturen kommen hier auf ihre Kosten. Die äußerste Landspitze von Kap Bon, der Halbinsel nordöstlich von Tunis, ist nur 140 km von Sizilien entfernt. Die fruchtbaren Ebenen und Hügelländer im Landesinnern tragen zu Recht den Namen „Garten Tunesiens". An der Küste wechseln in bunter Folge Badeorte und Hafenstädte einander ab: Sidi Daoud, wo im Frühjahr die Thunfische mit Netzen zusammengetrieben und geschlachtet werden, weiter im Süden die Kerkenna-Inseln, ein Taucherparadies, das Hannibal einst als Verbannungsort wählte, und schließlich die Insel Djerba, das beliebteste Urlaubsgebiet an der tunesischen Küste.

▲ *Das Bardomuseum in Tunis, neben dem Ägyptischen Museum in Kairo das bedeutendste Museum von Nordafrika, besitzt eine reiche Sammlung von Kunstwerken. Die Abbildung zeigt eine Büste der Minerva, der römischen Göttin der Weisheit und des Handwerks.*

Das Binnenland wird von Südwesten nach Nordosten von Gebirgskämmen durchzogen, an denen sich die Wolken stauen und dem Land den ersehnten Regen bescheren. Nach Süden hin geht die mediterrane Landschaft allmählich in Steppen, Halbwüsten und Schotts über. Schotts sind von Trockenrissen zerfurchte Salztonebenen; die während der Regenzeit gebildeten Salzsümpfe trocknen aus und täuschen manchmal eine Fata Morgana vor. Jenseits der Schotts beginnt die eigentliche Wüste mit gelben, in der Sonne leuchtenden Sanddünen. Manchmal verfinstert sich das Bild durch einen Sandsturm. In die Landschaft eingebettet findet man kleine Oasen mit tiefgrünen Palmenhainen. Südwestlich von Gafsa erreicht man über Metlaoui das „Land der Dattelpalmen".

Dieses größte und ertragreichste Oasengebiet Tunesiens mit 1–2 Mio. Dattelpalmen liegt zwischen den Schotts, die von Salz- und Gipskrusten sowie glitzernden Salzkristallen überzogen sind. Die große Oase von Gabès, die sich im Osten anschließt, reicht bis zur Küste. Das Matmatagebirge im Hinterland von Djerba bietet wieder ein ganz anderes Landschaftsbild. In der vielbesuchten Erdhöhlenstadt Alt-Matmata haben die Einwohner runde, bis zu 10 m tiefe Trichter in die weiche Kalksteinschicht gegraben. Um diesen Hof, auf dem das Vieh untergebracht wird, gruppieren sich 5–8 Wohn- und Arbeitshöhlen, in denen die Temperaturen auch im Hochsommer erträglich bleiben; es soll um Matmata etwa 400–500 Wohnhöhlen geben.

Tunis

Zwischen Souks und Minaretten

In der tunesischen Hauptstadt stoßen zwei Welten aufeinander: auf der einen Seite die Medina, die arabische Altstadt mit ihren engen, verwinkelten Gassen, Souks und alten Moscheen, auf der anderen Seite die von den Franzosen angelegte Ville Nouvelle, die Neustadt, mit breiten Avenuen, großzügigen Parks und modernen Büro- und Appartementhochhäusern. Dieser Stadtteil grenzt an den Lac de Tunis, eine 50 km^2 große, flache Lagune, welche die Hauptstadt vom offenen Meer trennt. Vom Ufer der Lagune aus führt die Prachtstraße Habib Burgiba schnurgerade zur Altstadt. Auf der fast 2 km langen Avenue, die von eleganten Geschäften, Cafés und Restaurants, Büros und Verwaltungsgebäuden gesäumt ist, kann man die Bürger der Stadt nach Sonnenuntergang bei dem in allen Mittelmeerländern so beliebten Abendbummel beobachten. Durch die Porte de France am landseitigen Ende der Avenue Habib Bourguiba, früher ein Teil der Stadtbefestigungen, gelangt man zur Medina, der größten und bedeutendsten arabischen Altstadt Tunesiens.

Ein Bummel durch die Souks, die engen, meist überwölbten Marktgassen, ist noch immer ein Erlebnis, auch wenn grelles Neonlicht und lärmende Kofferradios die Atmosphäre heute beeinträchtigen. Der Neuankömmling wird sich in dem Gassengewirr bestimmt verlaufen und einige Zeit brauchen, bis er sich in dem scheinbaren Chaos zurechtfindet. Dabei hat in den Souks jedes Handwerk oder Gewerbe seinen eigenen Bezirk. So gibt es einen Bezirk der Möbelhändler, der Sattelmacher, der Parfümhersteller, der Weber ... Wer einen Fes, die traditionelle Kopfbedeckung der Nordafrikaner, sucht, sollte sich im Souk eh Chaouachiya umsehen. Im Souk el Berka, dem früheren Sklavenmarkt, sind heute die Sticker untergebracht. Natürlich bezahlt man in den Souks nicht gleich den geforderten Preis, vielmehr ist Handeln angesagt. Der Händler, der einen überhöhten Preis fordert, will den Kunden nicht einfach übers Ohr hauen, es geht ihm vielmehr um ein möglichst amüsantes Verkaufsgespräch, bei dem selbst professionelle Schauspieler noch eine Menge lernen könnten.

Die Souks gruppieren sich um die Djana ez Zitouna, die Ölbaummoschee, im Zentrum der Altstadt. Sie ist mit ihrem 44 m hohen Minarett nicht zu übersehen. Die

▶ *Der Palais d'Orient, ein großer Basar in Tunis, gibt mit seinen mit glasierten Kacheln verzierten Arkaden den passenden Rahmen für das Minarett der Ölbaummoschee ab.*

▲ *Nachdem die Römer das punische Karthago zerstört hatten, gründeten sie eine neue Stadt, von der u. a. schöne Mosaikfußböden erhalten geblieben sind.*

Moschee, deren Baugeschichte bis in das 8. Jh. n. Chr. zurückreicht, gehört, zusammen mit der Großen Moschee in Kairouan, zu den bedeutendsten Gotteshäusern Tunesiens. Die 144 antiken Säulen des riesigen Betsaals stammen vermutlich von den Ruinenfeldern Karthagos.

Tunis besitzt noch eine ganze Reihe anderer Moscheen, darunter die schlichte El-Ksar-Moschee aus dem 12. Jh. und die Sidi-Ben-Arous-Moschee mit dem schönsten Minarett der Stadt. Am südlichen Rand der Medina, in der Nähe des Mausoleums der Beis, steht die Färbermoschee. Wegen der üblen Gerüche, die mit ihrem Gewerbe verbunden sind, wurde den Färbern und Gerbern in den Städten des Orients immer ein Platz am Stadtrand zugewiesen. Am vornehmsten waren dagegen die Souks in der Nähe der Großen Moschee.

▲ *Diese Stele trägt das Zeichen der Göttin Tanit, der die Punier kleine Kinder opferten. Der Grabstein wurde im Tophet, dem Heiligtum des alten Karthago, freigelegt.*

Kunstschätze der Antike

Die Sammlungen des Bardomuseums

Ein Bummel durch die Altstadt läßt sich leicht mit dem Besuch des interessanten Museums für islamische Kunst verbinden, das in einem ehemaligen Palast untergebracht ist. Der „Louvre" von Tunis, das Bardomuseum, liegt dagegen 4 km von der Innenstadt entfernt im Vorort Bardo. Das Nationalmuseum ist im ehemaligen Harem des Bardopalasts, der einstigen Residenz der Beis, untergebracht; im Bereich des alten Hofbezirks liegt auch das heutige Parlamentsgebäude. Für den Besuch des Bardomuseums, das nach dem Ägyptischen Museum in Kairo als das bedeutendste Museum Nordafrikas gilt, sollte man einige Zeit einplanen. Die verschiedenen Abteilungen vermitteln einen ausgezeichneten Überblick über alle Epochen der Landesgeschichte. Zu sehen sind römische Sarkophage, phönizische Grabbeigaben, maurische Fayencen, Gläser, Teppiche und vieles mehr.

Vor allem aber birgt das Bardomuseum eine weltberühmte Sammlung römischer Mosaiken, die mit ihren leuchtenden Farben

den Betrachter vergessen lassen, daß sie vor fast 2000 Jahren geschaffen wurden. Diese Mosaiken schmückten einst Tempel, Thermen und Villen und erwecken mit ihren Motiven die Gestalten der antiken Mythologie zu neuem Leben; daneben findet man Mosaiken, die wie Bildreportagen über das Alltagsleben in der römischen Provinz Africa im 2. und 3. Jh. berichten. Das Museum enthält auch eine Sammlung griechischer Kunstwerke, die von einem Handelsschiff stam-

▲ *Die Thermen des Antoninus Pius, die wohl eindrucksvollste Ruinenstätte Karthagos, wurden im 2. Jh. n. Chr. errichtet und drei Jahrhunderte später von den Vandalen verwüstet. Von dem gewaltigen Bauwerk blieben nur die Mauerreste der unteren Geschosse erhalten.*

men, das vermutlich um 81 v. Chr. an der Küste vor Mahdia unterging. Fast genau 2000 Jahre später stieß ein Sporttaucher auf das Wrack. Es wurden Tafelgeschirr und nautische Instrumente sowie Bronzearbeiten geborgen, welche die Jahrtausende unter Wasser ausgezeichnet überstanden hatten.

In der Umgebung von Tunis gibt es viele herrliche Strände, besonders bei La Goulette, dem Außenhafen von Tunis. Die Hafenstadt am Golf von Tunis, deren Namen „Flußmündung" bedeutet, erwacht erst abends richtig zum Leben, wenn die Einwohner der Hauptstadt herbeiströmen, um die frische Seeluft zu genießen. Nach Norden hin schließen sich die Strände von La Marsa und Gammarth, im Südosten Rades, Ez Zahra und Hammam-Lif an.

Karthago

Die uralte „Neue Stadt"

Als die Phönizier im 9. Jh. v. Chr. am westlichen Ufer des Golfs von Tunis eine Handelsstation zur Sicherung der Mittelmeerschifffahrt gründeten, gaben sie ihr den Namen *Kart Hadachat* (Neue Stadt). Die Ruinen

▲ *Als die Römer in der ehemaligen Stadt Thysdrus (heute El-Djem) das riesige Amphitheater bauten, war die Region noch dicht besiedelt.*

dieser Stadt, die unter dem Namen Karthago in die Geschichte einging, liegen ungefähr 20 km nordöstlich von Tunis. Ihr historischer Kern befindet sich am Fuß des Burghügels von Byrsa, wo die aus Tyrus stammenden Phönizier im Jahr 814 v. Chr. gelandet sein sollen. Von der phönizischen Metropole blieb nicht viel erhalten: Reste ihres Hafens, Fundamente von Wohnhäusern und der Tophet, der heilige Begräbnisplatz am Südrand Karthagos. Heute ist Karthago ein hübscher Villenvorort von Tunis.

Auf dem Tophet, den jetzt ein Blumengarten bedeckt, brachten die Punier, wie die Phönizier von den Römern genannt wurden, dem Schutzgott Baal und seiner Gemahlin Tanit ihre erstgeborenen Söhne als Opfer dar. Bei lebendigem Leibe verbrannt, sollten sie durch den Feuertod in den Besitz der Götter übergehen. Urnen mit der Asche der Opfer erinnern noch heute an die grausigen Riten.

Durch den Ersten Punischen Krieg (264 bis 241 v. Chr.) verlor Karthago seine Stellung als Herrin des westlichen Mittelmeerraums. Die großen Inseln fielen Rom zu. Auch der Zweite Punische Krieg (218–201 v. Chr.) endete trotz Hannibals militärischem und politischem Genie mit einer Niederlage.

Am Ende des Dritten Punischen Kriegs (149–146 v. Chr.) verwüsteten römische Legionäre die Stadt völlig. Zwei Wochen lang loderte ein riesiger Brand, dann ebneten die Römer das Ruinenfeld ein und streuten Salz auf den Boden, damit dort nichts mehr wachsen können sollte. Cäsar und Augustus ließen Karthago jedoch prächtiger als zuvor wieder errichten. In den Ruinen des Amphitheaters, der Thermen, des römischen Theaters und des Odeons spiegelt sich die ehemalige Pracht des zweiten Karthago wider.

Nördlich von Karthago, an einem Hügel über dem Meer, liegt der malerische Ort Sidi Bou Saïd, der mit seinen engen Gassen, weißgetünchten Häusern und blauen Türen viele Künstler und Ausflügler anlockt. Die Touristen drängen sich vor allem in der gepflasterten Hauptstraße. Gleich hinter der Treppe, die zum berühmten Café des Nattes hinunterführt, kommt man in stille Gassen. Die den Weg säumenden Häuser haben oft schäbige Fassaden. Welcher Wohlstand sich dahinter verbirgt, erkennt man erst, wenn man einen Blick in die schönen Innenhöfe wirft. Sidi Bou Saïd erinnert sehr an die weißen Dörfer Andalusiens – das maurische Erbe ist unübersehbar.

Sidi Bou Saïd gehörte ehemals zu Karthago. Nach der Eroberung Tunesiens durch

◀ *Blick auf das berühmte Café des Nattes in Sidi Bou Saïd, das den deutschen expressionistischen Maler August Macke zu seinem Bild* Maurisches Café *inspirierte.*

die Araber entwickelte sich der Ort um ein befestigtes Kloster herum, damals eine Wallfahrtsstätte. Die „weiße Perle" Tunesiens trägt den Namen des heiligen Sidi Bou Saïd (13. Jh.), eines moslemischen Mystikers. Eine sonderbare Legende verbindet den frommen Mann mit Ludwig IX., dem Heiligen (1214–1270), der auf einem Kreuzzug im Lager vor Tunis an der Pest gestorben sein soll. Angeblich soll der französische König seinen Tod nur vorgetäuscht haben,

▲ *Für den Wasserbedarf ihrer Thermen und Brunnen bauten die Römer gewaltige Aquädukte, um das Wasser aus den Gebirgen in die Städte zu leiten (im Bild der Aquädukt über den Oued Miliane).*

um zum Islam übertreten und als Einsiedler leben zu können. Einer anderen Legende zufolge verliebte sich der König in eine schöne Moslime, die er heiratete, nachdem die Kreuzfahrer die Anker gelichtet hatten. Welche Legende auch immer einen wahren Kern haben mag: Ludwig wurde 27 Jahre nach seinem Tod als einziger französischer Monarch heiliggesprochen.

Das Erbe der Römer

Von Bulla Regia nach Tabarka

Bulla Regia, Dougga, Thuburbo Maius und El-Djem sind berühmte römische Ruinenstätten, von denen drei im Norden liegen, während letztgenannte weiter im Süden zu finden ist. In Bulla Regia, einst Hauptstadt eines kleinen numidischen Königreichs, gibt es ähnliche Wohnhöhlen wie in Matmata, hier allerdings sozusagen in Luxusausführung. Um der großen sommerlichen Hitze zu

▶ *Das alte Oasendorf Tamerza mit seinen sandfarbenen, verwitterten Gebäuden liegt unweit der Oase von Gafsa in den äußersten Ausläufern des Atlas.*

▲ *Kairouan, Heilige Stadt des Islam, ist mit seiner Großen Moschee der bedeutendste islamische Wallfahrtsort in Afrika.*

entgehen, ließen sich reiche Römer von Sklaven unterirdische Villen, Paläste und sogar Tempel in den trockenen Boden graben. Die unterirdischen Räume, um einen Innenhof angeordnet, wurden durch Schächte mit Tageslicht versorgt, die aber eine direkte Sonneneinstrahlung verhinderten. Ein Wasserbecken kühlte die Luft im Innenhof. Der unterirdische Palast des Fischfangs besitzt prächtige Mosaiken, die Männer beim Fischfang und bei der Jagd zeigen, im Palast der Amphitrite ist die gleichnamige Meeresgöttin in Mosaikbildern dargestellt. Beide Paläste waren einst wahrscheinlich Teil einer unterirdischen Tempelanlage.

Dougga, das antike Thugga, liegt wie ein Wachtposten auf einer felsigen Anhöhe an der alten Straße von Karthago nach Theveste. Die ehemalige Residenz und Festung numidischer Fürsten erlebte unter römischer Herrschaft im 2. und 3. Jh. n. Chr. ihre Blütezeit und fiel danach in einen Dornröschenschlaf, aus dem die Archäologen sie erst gegen Ende des vorigen Jahrhunderts wieder erweckten. Heute ist Dougga mit seinem herrlich gelegenen Theater, dem sehr gut erhaltenen Tempel der Caelestis, dem Kapitol und nicht zuletzt dem libysch-phönizischen Mausoleum des Numiders Ataban eine der größten historischen Sehenswürdigkeiten der Republik.

Die Geschichte von Thuburbo Maius hat viel Ähnlichkeit mit der von Dougga. Auch hier war das 2. Jh. n. Chr. die goldene Zeit. Obwohl die Vandalen drei Jahrhunderte später ihre sprichwörtliche Zerstörungswut an der Stadt am Rand des Hohen Tell ausließen, besitzt sie noch heute zahlreiche recht gut erhaltene Baudenkmäler, darunter Thermen, Tempel und ein Forum. Am eindrucksvollsten ist jedoch das Kapitol mit seinen vier herrlichen, 8,5 m hohen korinthischen Säulen aus Carraramarmor. Das Kapitol von Thuburbo Maius galt im Altertum als das schönste der römischen Provinz Africa. Die Römer hatten seinerzeit ihren Machtbereich bis an den Nordrand der Sahara erweitert und eine Straße von Gabès nach Biskra im heutigen Algerien gebaut.

◀ *Große Moschee von Kairouan: Die zahlreichen Marmor- und Porphyrsäulen im Gebetssaal stammen aus römischen und byzantinischen Bauwerken in Hadrumetum und Karthago.*

In El-Djem, dem alten Thysdrus, das durch den Handel mit Olivenöl reich geworden war, errichteten die Römer im 3. Jh. n. Chr. ein gigantisches Amphitheater, das bis zu 60 000 Besucher fassen konnte. Im 7. Jh. verschanzten sich in ihm berberische Krieger, die unter der Führung ihrer Fürstin Kahena, einer tunesischen „Jungfrau von Orléans", den arabischen Eindringlingen erbitterten Widerstand leisteten. Noch 1000 Jahre danach war das Theater so gut erhalten, daß sich die Bewohner von Thysdrus stets dort verbarrikadierten, wenn die Steuereintreiber auftauchten. Dieser Methode überdrüssig, ließ der Bei schließlich mit Kanonen eine Bresche in das Mauerwerk schießen. El-Djem beherbergt außer dem Amphitheater, dem drittgrößten des Römischen Reichs, noch weitere römische Bauwerke, so eine Arena, Thermen und Villen mit schönen Mosaiken. Die meisten Bauwerke wurden jedoch jahrhundertelang von den Einheimischen als bequeme Steinbrüche für den Bau von Wohnhäusern genutzt; sie teilten damit das Schicksal vieler Bauwerke des Altertums.

Kairouan

Heilige Stadt des Islam

Im Steppentiefland westlich von Sousse sind die Minarette Kairouans schon aus der Ferne zu erkennen. Die Heilige Stadt des Islam wurde im 7. Jh. von einem arabischen Feldherrn, dem es gelang, die christliche Vorherrschaft in Nordafrika völlig zu brechen, etwa auf halber Strecke zwischen der Küste und dem Hochland gegründet. Schnell entwickelte sich die einzige rein arabische Stadt Tunesiens unter der Dynastie der Aghlabiden zum Machtzentrum und zur Hochburg des Islam in Nordafrika. Als die Fatimiden im 10. Jh. ihre Residenz von Kairouan nach Mahdia verlegten, verlor Kairouan seine dominierende Rolle als Hauptstadt. Im darauffolgenden Jahrhundert fiel ein Beduinenstamm, der mordend und plündernd durch das Land zog, über die Stadt her und verwüstete sie. Viele Kairouaner flüchteten damals nach Fès und gründeten dort die nach ihnen benannte Moschee. Die Stadt wurde wieder aufgebaut, konnte aber danach nie wieder ihre dominierende politische Rolle zurückgewinnen. Allerdings blieb Kairouan auch in der Folgezeit religiöses Zentrum des Maghreb und Ziel unzähliger Pilgerfahrten. Für fromme Moslems sind sieben Pilgerreisen nach Kairouan gleichbedeutend mit einer Wallfahrt nach Mekka.

Die Große Moschee der Heiligen Stadt, die Okbamoschee, gilt allgemein als die schönste Tunesiens. Sie wurde im Lauf der Jahrhunderte bis in unsere Zeit mehrfach umgebaut und erweitert. Das Gebäude umschließt einen weiten, von Säulenarkaden gesäumten Innenhof, von dem aus 17 Tore aus Zedernholz in die gewaltige Gebetshalle führen, deren 414 antike Marmor- und Porphyrsäulen leider nur von Moslems bewundert werden dürfen. Das gleiche gilt für den mit Fayencen aus Bagdad verzierten Mihrab, die Gebetsnische, und die prachtvolle holzgeschnitzte Kanzel. An der Nordostecke der Moschee erhebt sich das 35 m hohe, vierkantige Minarett. Unter den weißen Marmorplatten des Hofs befinden sich große Zisternen, in denen Regenwasser für die rituellen Waschungen gesammelt wird. Zur Trinkwasserversorgung der Stadt dienten die im 9. Jh. unter der Herrschaft der Aghlabiden angelegten Wasserbassins am nördlichen Stadtrand, die über einen 36 km langen Aquädukt aus dem Cherahinegebirge mit Wasser gespeist wurden.

▲ *Die weiße Kuppel des Mausoleums von Sidi Sahbi beherrscht den mit bunten Kacheln verzierten Innenhof der Barbiermoschee in Kairouan. Sie ist nach einem Barbier benannt, der stets drei Barthaare Mohammeds bei sich getragen haben soll.*

Am entgegengesetzten Ende der Stadt steht die im Jahr 866 erbaute Moschee der drei Tore, gleich neben den Souks aus dem 17. und 18. Jh., in denen die berühmten Teppiche aus Kairouan verkauft werden. Außer buntgemusterten Teppichen knüpfen die Frauen der Region auch Teppiche aus naturfarbener Schaf- oder Kamelwolle.

Von Monastir nach Sfax

Der alte tunesische Sahel

Habib Burgiba, der Mann, der im Kampf um die Unabhängigkeit und dann bis 1987 als Staatspräsident die Geschicke Tunesiens bestimmte, wurde 1903 in der alten Hafenstadt Monastir geboren. Mit der Burgibamoschee am Rand der Altstadt und dem Mausoleum der Familie Burgiba hat er sich zu Lebzeiten selbst zwei Denkmäler gesetzt. Der Name der Stadt geht vermutlich auf *monasterium*, das lateinische Wort für Kloster, zurück. Unmittelbar am Hafen steht ein Ribat, ein moslemisches Wehrkloster, aus dem 8. Jh. Vom Nador, dem runden Turm, hielten die Mönchssoldaten einst nach Feinden Ausschau. Heute bietet er einen herrlichen Blick auf das Meer, den goldgelben Sandstrand und die größtenteils moderne Stadt.

Die felsige Halbinsel, die knapp 50 km südlich von Monastir in die Kleine Syrte hinausragt, bot sich nach der Eroberung Tunesiens durch die Araber als geeigneter Standort für eine Festung an. Unter den Fatimiden wurde die Residenz dann auch von Kairouan auf diese Halbinsel nach Mahdia verlegt. Zur Landseite hin schützte eine mächtige Torburg die Hafenstadt, an der Seeseite entstand im 12. Jh. die Bordj el Kebir, eine Burg, die nach einem Überfall der Spanier im 16. Jh. wieder errichtet wurde. Mahdia ist heute ein vielbesuchter Badeort, daneben aber auch einer der führenden Fischereihäfen der Republik.

Sfax, die zweitgrößte Stadt Tunesiens und Hauptstadt des Südens, verarbeitet und exportiert Phosphate, Olivenöl, Salz und Früchte. Der Handelshafen ist nicht besonders anziehend, aber der bunte, lebhafte Fischereihafen mit dem Schwammarkt lohnt einen Besuch, allerdings nur für Besucher mit robusten Geruchsnerven. Hinter der regelmäßig angelegten Neustadt drängt sich die Altstadt, umgeben von dem fast vollständig erhaltenen Mauerring um die Große Moschee, deren Grundstein bereits im 9. Jh. gelegt wurde. Im Dar-Jallouli-Museum kann man im Innenhof farbenprächtige Fayencen und Volkskunst aus dieser Gegend Tunesiens bewundern.

In den Vororten von Sfax liegt ein Duft von Rosen und Jasmin in der Luft – die 1000jährige Stadt ist durch ihre Parfüm- und Seifenindustrie bekannt. Unmittelbar am Stadtrand beginnt der Ölbaumwald von Sfax, der mit rund 6 Mio. Ölbäumen größte Olivenhain Tunesiens. 20 km vor der Küste liegen die Kerkenna-Inseln und eine Reihe kleinerer Eilande, deren Einwohner hauptsächlich von der Fischerei leben. Dazu nutzen sie auch die Wedel der Palmen, die auf den niederschlagsarmen Inseln gedeihen. Aus den Palmwedeln flechten sie Fischreusen, in welche die Fische von den Gezeitenströmen getrieben werden.

▶ *Als schönstes Gotteshaus von Houmt-Souk, dem Hauptort der beliebten Urlaubsinsel Djerba im Golf von Gabès, gilt die weißgekalkte, siebenkupplige Türkenmoschee.*

▲ *Auch die Oasenstadt Gafsa mußte ihren Tribut an den Fortschritt leisten: Heute durchschneiden breite Straßen das Gassengewirr der Altstadt. Die Burg der Stadt wurde im Zweiten Weltkrieg durch die Explosion eines Munitionslagers zerstört.*

▼ *In den seichten Gewässern rund um Djerba werden riesige Fischnetze ausgelegt, aus denen man die Meerestiere dann nur noch einzusammeln braucht. Djerba ist mit einer Fläche von 514 km² die größte nordafrikanische Insel.*

Der trockene Süden

Gärten in der Wüste

Hunderttausende von Dattelpalmen umgeben das alte Gabès, das in seinen Randgebieten allmählich in Dörfer und Weiler übergeht. Der ehemals in einer weiten Oase am Meer gelegene „Hafen der Nomaden" ist heute eine moderne Stadt, in der sich immer mehr Industriebetriebe ansiedeln, so daß die Bedeutung von Gabès als Seehafen und Seebad zunimmt. Als Verkehrsknotenpunkt spielte Gabès schon im Altertum eine gewisse Rolle. Hier trafen sich die alten Heer- und Handelsstraßen zwischen den römischen Provinzen Africa und Libyen mit den Karawanenwegen, die ins Landesinnere zum Schott Djerid, ins Matmatabergland und weiter in die Sahara führten. Für die Urlauber, die vom benachbarten Djerba aus einen Ausflug ins Hinterland unternehmen möchten, ist Gabès heute noch das Tor zur Sahara, auch wenn die eigentliche Wüste erst rund 100 km weiter landeinwärts beginnt.

In der Oase von Gafsa gedeihen im Schatten der Palmen Zitronen, Orangen, Aprikosen und Weinreben. Hier, am Südrand des Steppenhochlands, wo bereits in vorgeschichtlicher Zeit Menschen siedelten, ist das Klima allerdings rauher als an der Küste, und die Erträge sind dementsprechend auch niedriger. Temperaturschwankungen von −6 °C bis zu +50 °C sind hier keine Seltenheit. Die Bauern der Oase Gafsa sind aufgrund der klimatischen Verhältnisse zur Mehrstockkultur gezwungen: Auf dem untersten Niveau wird Gemüse angepflanzt, in mittelhoher Lage folgen Granatäpfel- und Feigenbäume, und überragt wird diese Mehrstockkultur von hochstämmigen Palmen. Dieses komplizierte Anbausystem macht einen Wasserversorgungsplan erforderlich, bei dem jeder Tropfen Wasser genutzt wird.

▶ *Das Wasser, das aus den 150 Quellen der Oase Nefta sprudelt, wird in einem Staubecken gespeichert und von dort durch Kanäle auf die Kulturen verteilt. Hier waschen die Frauen häufig auch die Wäsche.*

▲ *Die Nomaden sind oft monatelang mit ihren Kamelen (genauer: Dromedaren) unterwegs; zwischen Mensch und Tier kann sich so eine enge Beziehung entwickeln.*

Am Ende des vorigen Jahrhunderts wurden in der Umgebung von Gafsa, das in römischer Zeit als Capsa bekannt war, reiche Kalkphosphatvorkommen entdeckt, die Gafsa zur Bergbaustadt und zum Zentrum der tunesischen Phosphatgewinnung machten.

An der Hauptverbindungsstraße zwischen Südtunesien und Algerien folgt nach 40 km Metlaoui, ebenfalls eine Minenstadt, die seit 1899 durch die Phosphatbahn mit Sfax verbunden ist. Bei Tozeur, dem bedeutendsten Fremdenverkehrsort Südtunesiens, trifft die Straße auf das nördliche Ufer des Schott Djerid, ein riesiges Gebiet von 7700 km^2, das 16 m unter dem Meeresspiegel liegt; über ihm sind oft Luftspiegelungen zu beobachten.

Tozeur, berühmt für seine Lehmziegelarchitektur, liegt am Rand einer ausgedehnten Palmenoase. Die Oasenkette setzt sich am Ufer des Salzsees nach Südwesten hin fort und endet in Nefta, dem antiken Nepte. 24 Moscheen haben der Oasenstadt den Beinamen „Kairouan des Südens“ eingetragen. Nefta war im 13. Jh. die Wirkungsstätte des heiligen Sidi Bou Ali, dessen Grab zu den meistbesuchten Wallfahrtsstätten Tunesiens gehört.

▶ Die Ghorfas *der Berber, gemeinschaftliche Kornspeicher, in denen die Vorräte vor Dieben und Schädlingen geschützt aufbewahrt wurden, dienen heute meist als Wohnungen.*

ben. Reizvoll an Algerien ist aber auch, daß auf seinem Territorium unterschiedlichste Kulturkreise aufeinanderstoßen: im Norden der Mittelmeerraum, in dem man fast überall auf Spuren der Phönizier, Griechen und Römer stößt, in der Landesmitte eine extreme Wüste, in der die nomadische und die seßhafte Lebensweise noch nebeneinander existieren, und im äußersten Süden Gebirgsregionen der südöstlichen Sahara, in denen dunkelhäutige Oasenbauern, Nachkommen von negriden Sklaven, beheimatet sind, die der schwarzafrikanischen Bevölkerung zuzurechnen sind. Das Nebeneinander dieser Kulturen läuft jedoch nicht konfliktfrei ab, vor allem deshalb, weil die Regierung Algeriens die Arabisierung des Landes stark vorantreibt. Daraus resultierende Auseinandersetzungen mit Berbern und Tuareg werden nicht selten militärisch gelöst.

Ein Entwicklungsland

An der Schwelle zum Industriestaat

Zu den kulturellen Gegensätzen gesellen sich soziale Kontraste. Die rasche Entwicklung von einem Agrarstaat unter französischer Herrschaft zu einer Nation, die auf den Ausbau der Industrie setzt und ihre Identität im Spannungsfeld der politischen Lager erst noch suchen muß, birgt sozialen Sprengstoff. Der Wandel spiegelt sich auch im Bild der Städte wider. Algier hat sich insgesamt nur wenig verändert, während sich Tizi Ouzou, die alte Hauptstadt der Großen Kabylei, immer mehr zu einem Industriezentrum entwickelt. Oran, berühmt geworden durch Albert Camus' Roman *Der Fremde*, ist vielleicht noch immer die „Metropole der Langeweile", aber gewiß auch die Stadt der Preßlufthämmer, Planierraupen und Kräne. Annaba, das frühere Bône, liegt gleich neben den größten Stahlwerken Nordafrikas in El Hadjar; das unmittelbar am Fuß des Saharaatlas liegende Bou Saâda hat sich zu einem Touristenort erster Güte gemausert. In Arzew entstand im Jahr 1964 die erste Erdgasverflüssigungsanlage der Welt.

Wenn man das Pro-Kopf-Einkommen betrachtet, gehört Algerien nach Libyen und Südafrika zu den reichsten Ländern Afrikas. Die sozialen Fortschritte der Volksrepublik hinken jedoch der wirtschaftlichen Entwicklung des Landes noch immer hinterher. In den Straßen sieht man sowohl verschleierte Frauen, meist mittleren Alters, als auch junge Frauen in europäischer Kleidung, die auf ihre Gleichberechtigung pochen. Die Kluft, die sich zwischen dem politischen Wunschdenken und der gesellschaftlichen Realität auftut, ist nicht überraschend, denn schließlich ist es einfacher, die wirtschaftliche Entwicklung voranzutreiben und den Städten ein neues Gesicht zu geben, als überlieferte Sitten im Eiltempo umzukrempeln. Natürlich hat sich auch im sozialen Leben viel verändert: Frauen dürfen außer Haus arbeiten, mit ihren Freundinnen ausgehen, und es ist auch keine Schande mehr, wenn sich die Mädchen ihren zukünftigen Mann selbst aussuchen.

Algier

Zwischen Kasba und Boulevard Che Guevara

Algier, früher ein berüchtigtes Piratennest, ist seit Jahrhunderten Hauptstadt des nach ihm benannten Landes. Im Zweiten Weltkrieg war Algier zeitweise sogar die Hauptstadt des unbesetzten Frankreich, wo sich der Widerstand formierte. Die Stadt bietet den schönsten Anblick von der Seeseite her, vor allem am frühen Morgen, wenn das Sonnenlicht voll auf die steilen Hänge an den Ausläufern des Tellatlas fällt. Wie die Ränge eines riesigen Amphitheaters steigen die Häuserzeilen und Arkaden am Rand der Bucht von Algier auf. Bei den ersten Sonnenstrahlen regt sich das Leben in der Stadt, man hört den Ruf des Muezzins, der die gläubigen Moslems zum Gebet ruft. Die Rauchfahnen, die dann aus den Schornsteinen der Häuser aufsteigen, legen sich bald als graubrauner Rauchschleier über die „Weiße Stadt".

Vom Boulevard Che Guevara, der den Bahnhofsvorplatz mit dem Fischmarkt verbindet, führen Treppen und steile Gassen hinauf in die Kasba, die Altstadt unterhalb der von den Türken erbauten Zitadelle. Das Labyrinth ihrer Sackgassen, Treppen und Innenhöfe bot im Lauf vieler Jahrhunderte immer wieder Piraten, Freiheitskämpfern und Gangstern Unterschlupf. Von der Zitadelle, dem höchsten Punkt der Altstadt, erkennt man den Chaireddindamm, der eine der Inseln, nach denen die Stadt benannt wurde, mit dem nordafrikanischen Festland verbindet. Davor erheben sich die Minarette der Neuen Moschee, im 17. Jh. erbaut, und der Großen Moschee, deren Kern aus dem 11. Jh. stammt. Weiter im Westen erinnert die Ali-Bitchin-Moschee an den Italiener Piccinini, der im 17. Jh. als Seeräuber das westliche Mittelmeer unsicher machte, zum Islam konvertierte und von seinen illegal erworbenen Reichtümern die Moschee errichten ließ. Einem frommen Mann, dem Heiligen und Gelehrten Sidi Abderahmane, ist die gleichnamige Grabmoschee nördlich der Kasba geweiht, die Anfang des 18. Jh. erbaut wurde.

Die bedeutendsten Museen Algiers befinden sich im Südosten der Altstadt am Parc de la Liberté sowie im Stadtteil Hamma. Das Musée des Antiquités zeigt Kunstwerke der römischen Antike, aber auch moslemische Kunst, darunter eine reichhaltige Teppichsammlung, maurische Lederarbeiten und kabylische Waffen. Im Bardomuseum stehen die prähistorischen Funde im Vordergrund. Hier befinden sich besonders gute Kopien frühgeschichtlicher Felszeichnungen vom Oued Djaret, die auf ihnen oft eindrucksvoller als im Original zur Wirkung kommen. Das Musée National des Beaux-Arts enthält hauptsächlich Gemälde und Skulpturen französischer Künstler des 17.–20. Jh.

Die Mittelmeerküste

Wild und idyllisch zugleich

Während sich an den Küsten Spaniens und Italiens die Urlauber drängen und Tunesien und Marokko als Reiseziele immer mehr an Bedeutung gewinnen, verbringen nur wenige Europäer ihre Ferien an der Mittelmeerküste Algeriens, obwohl hier die Strände und das Wetter ebenso schön sind wie in den anderen Mittelmeerländern. Die Côte Turquoise, die Türkisküste, wie der Küstenstreifen zwischen Algier und Cherchell wegen seiner grünen Wälder und Macchien genannt wird, beginnt gleich am westlichen Stadtrand von Algier. An ihr reihen sich so bekannte Ferienzentren wie Moretti, Sidi Fredj, Zeralda und ganz im Westen Tipasa auf; Hochhausbunker wie an der spanischen Küste sind

▲ *Die Kasba von Algier mag zwar sehr malerisch wirken, doch das Leben in den engen, verwinkelten Gassen ist beschwerlich; die Wohnungen sind überbelegt, die Luft ist stark verschmutzt.*

▲ *„Weißes Algier" nannten die französischen Kolonialherren ihre gegen Ende des vorigen Jahrhunderts am Hafen errichteten Stadtviertel.*

hier nicht zu finden. Landschaftlich reizvoll sind hier die Wälder von Bainem mit ihren Korkeichen und Eukalyptusbäumen, die Gärten im Sahel und die Weinberge von Mitidja. Die Nationalstraße N 11 führt an mehreren historischen Stätten vorbei, so z. B. am numidischen Königsgrab Khor Roumia und an

dem von den Phöniziern gegründeten Handelsplatz Tipasa, der im 1. Jh. n. Chr. von den Römern mit einer mächtigen, turmbewehrten Stadtmauer umgeben wurde. Als die Araber auf ihrem Zug nach Westen dort erschienen, war die Stadt bereits von ihren Bewohnern verlassen und halb verfallen. Von den Bauwerken aus der Römerzeit, darunter ein Amphitheater, ein Forum, Tempel und Thermen sowie eine byzantinische Basilika und eine Kapelle, sind nur noch Trümmer erhalten. Ein Freilichtmuseum im Kern der im vorigen Jahrhundert neu gegründeten Stadt vermittelt einen Eindruck vom römischen Erbe, kleinere Funde sind in einem Museum ausgestellt.

Algerien bemüht sich, den Fremdenverkehr zu beleben. Luxushotels, wie im Ferienzentrum Sidi Fredj, sind architektonisch den traditionellen Bauten der maghrebinischen Staaten nachempfunden, verfügen jedoch über jeden erdenklichen Komfort. Von Betonburgen, wie sie sonst an den Küsten des Mittelmeers anzutreffen sind, ist Algerien bisher weitgehend verschont geblieben.

◀ *Der Dar Aziza Bent El Bay in Algier mit seinem schönen Innenhof erinnert an die lange Besetzung durch die Türken. In diesem Palast residierte bis ins Jahr 1844 der türkische Pascha.*

Der Küstenstreifen westlich der algerischen Hauptstadt war schon lange vor der arabischen Invasion um das Jahr 700 von Berbern besiedelt, jenen Stämmen, die im Altertum von den Römern *barbarii* (Barbaren) genannt wurden. Vor 2800 Jahren begann Karthago, an der Küste und im Binnenland Handelsniederlassungen zu errichten und mit den Eingeborenen Handel zu treiben. Auf diese Weise entstanden die Vorläufer der heutigen Städte Annaba, Bejaia (ehemals Bougie), Algier und Ténès. Diese Blütezeit ging zu Ende, als Karthago im Jahr 146 v. Chr. endgültig vom Römischen Reich besiegt wurde. Die Römer gingen sofort daran, die Macht der Numiderkönige zu brechen; ihr Ziel erreichten sie mit den klassischen Methoden der Kolonisation: Algerien wurde nach einer Art Morgenthauplan in einen Agrarstaat umgewandelt.

Das Hafenstädtchen Cherchell ist das wohl überzeugendste Beispiel dafür, mit

▲ *Die Ruinen von Tipasa, einst ein phönizischer Handelsplatz, dann römische Kolonie, werden vom Chenuamassiv überragt. Die Abbildung zeigt die Überreste des Theaters und der Thermen.*

welcher Zähigkeit sich Siedlungen durch alle Epochen der Geschichte hindurch, wenngleich unter den verschiedensten Namen, behaupten können. Cherchell entstand als die phönizische Handelsniederlassung Iol, wurde dann zu Beginn unserer Zeitrechnung zu Ehren des römischen Kaisers in Caesarea umbenannt, einen Namen, den die Araber in Cherchell abänderten. Die antiken Skulpturen, die man hier fand, sind sowohl in einem Museum am Ort als auch im Musée des Antiquités in Algier und im Louvre in Paris zu sehen. An der Strandpromenade liegen hier und da noch umgestürzte Säulen, die im Schatten mächtiger Bäume zum Ausruhen einladen. Die Place Romaine, auf der sich die Männer die Zeit mit dem Boulespiel vertreiben, heißt in Erinnerung an die Gefallenen des Unabhängigkeitskampfes von 1954 bis 1962 heute Platz der Märtyrer. An dieser Stelle wurde jedoch schon lange, bevor den Algeriern von Frankreich die volle Unabhängigkeit gewährt wurde, Blut vergossen, z. B. im Jahr 40 n. Chr., als römische Legionen hier einmarschierten. Cherchell war damals unter dem Namen Caesarea Residenz eines numidischen Königs. Der Khor Roumia bei Tipasa, das legendenumwobene Grabdenkmal eines numidischen Königs, ruft die Erinnerung an den Tod des Berberprinzen Ptolemäus wach, den der römische Kaiser Caligula am Vorabend der Eroberung aus Neid ermorden ließ.

Das liebliche Tlemcen

Eine Schatzkammer maurischer Kultur

Von vergangenen Kulturen sind uns oft nur Ruinenfelder erhalten geblieben. Um so erfreulicher ist es, wenn eine Stadt die Zeugen der Geschichte hütet und pflegt. Tlemcen, die Schatzkammer maurischer Kultur in Algerien, ist eine dieser wenigen Städte, aber auch hier hat der Zahn der Zeit an den Baudenkmälern unübersehbare Spuren hinterlassen. Die kleinen Städte in der Umgebung von Tlemcen, wie z. B. Nedroma, der Stammsitz der Almohaden, wurden schon während der Kolonialzeit ausgeplündert und verfielen. Der Ruhm Tlemcens als des „afrikanischen Granadas" ist so groß, daß man auf den ersten Blick enttäuscht sein könnte. Die vierkantigen Türme der Wehrmauern, die den Ort zum größten Teil umgeben, stammen aus dem vorigen Jahrhundert; die Karawansereien im Zentrum der Stadt wurden in Textilfabriken umgewandelt; die von den Türken errichtete Zitadelle scheint die Bauten in ihrer Umgebung förmlich zu erdrücken, und das von den Franzosen im 19. Jh. erbaute Rathaus ist auch nicht gerade ein architektonisches Meisterwerk. Diese nachträglichen baulichen Veränderungen können indes die Anziehungskraft der Stadt und der umliegenden Dörfer nicht schmälern. Hier ergänzt sich nahezu alles perfekt zu einem äußerst harmonischen Bild: das Rosenrot der Dachziegel mit dem Rotbraun der frisch gepflügten Felder und den ockerfarbenen Ziegelsteinen der Moscheen, die brillanten Farben der Fayencen mit dem zarten Grün der Ölbäume. Die Terrassenfelder am Fuß der Tlemcenberge färben sich im Sommer weizengelb, und dazwischen liegen Weingärten und dunkelgrüne Orangen- und Zitronenhaine.

Tlemcen, das Zentrum der moslemischen Kultur, liegt in einer lieblichen Landschaft am Fuß der Tlemcenberge. Die Stadt wurde nach dem Vorbild andalusischer Städte geschaffen. Die Vorhalle der Moschee des heiligen Sidi Bou Medine im Stadtteil El Eubbad mit der Stalaktitenkuppel und der andalusischen Ornamentik ist ein Juwel maurischer Baukunst. Die im 14. Jh. errichtete Moschee gehört zu einem Heiligtum, das noch eine Koranschule und das Mausoleum des Sidi Bou Medine umfaßt. Das Grab des Heiligen wird alljährlich von vielen tausend Pilgern besucht. In der schönen Medrese (Koranschule) neben der Moschee lehrte einst Ibn Chaldun (1332–1406), ein arabischer Geschichtsschreiber, dessen Werke die wichtigste Quelle für die Geschichte des Islam in Nordafrika sind.

Vom 13. bis zum 15. Jh. war Tlemcen eine blühende Handelsstation auf dem Weg von Europa nach Innerafrika. Hier wurden nicht nur Waren wie z. B. Gewürze, Stoffe und Teppiche umgeschlagen, auch neue Ideen gelangten von der anderen Seite des Mittelmeers in die Stadt. Das Viertel der Hadar, das alte Geschäftsviertel, bietet auch heute noch ein recht ursprüngliches Bild. Die hier angesiedelten Kaufleute und Handwerker konnten früher selbst die ausgefallensten Wünsche ihrer verwöhnten Kundschaft nach schönen Teppichen, Lederarbeiten, Stickereien, Kupferarbeiten und Spitzen erfüllen. Heute findet man in den überfüllten, staubigen Souks vorwiegend maschinell angefertigte Waren; das traditionelle Kunstgewerbe hat sich in entlegenere Gassen zurückgezogen. Ein paar Straßen vom Handwerker- und Händlerviertel entfernt, steht die aus dem 12. Jh. stammende Große Moschee, das älteste Bauwerk der Stadt. Ihr großartiger dreizehnschiffiger Betsaal wird von zwei Kuppeln überwölbt. Bei der nach Mekka ausgerichteten Gebetsnische hat der prachtvolle Mihrab der Moschee im spanischen Córdoba Pate gestanden.

Der Reichtum Tlemcens, das die bedeutendsten islamischen Baudenkmäler Algeriens besitzt, mußte zwangsläufig den Neid der Nachbarn wecken. Abu Jakub Jusuf (1286–1307), der grausame Sultan von Fès, erschien gegen Ende des 13. Jh. mit seinem Heer vor den Toren der Stadt und belagerte sie. Ungefähr 100 000 Menschen kamen um, aber die befestigte Stadt hielt stand. Nach acht Jahren erfolgloser Belagerung glaubte der verärgerte Sultan, er könne Tlemcen übertreffen, indem er unmittelbar daneben eine noch prächtigere Stadt gründete, der er den Namen Mansoura (Siegerin) gab. Ein 4 km langer, von hohen Wehrtürmen flankierter Mauerring, eine Moschee mit einem

▲ *Tlemcen besitzt eine Reihe herausragender Baudenkmäler im maurischen Stil, darunter das im 13. Jh. errichtete Minarett an der Nordseite der Großen Moschee.*

der schönsten Minarette Nordafrikas und verschiedene andere Bauwerke waren bereits errichtet worden, als der Sultan plötzlich starb und seine Heerführer sogleich die Belagerung beendeten. Die endlich befreiten Einwohner von Tlemcen stürzten sich auf die Stadt des verhaßten Sultans und verwüsteten sie. Mansoura wurde zwar 30 Jahre später wieder errichtet, fiel im 16. Jh. jedoch den Türken zum Opfer. Sie ließen die Stadt so zurück, wie sie sich heute noch darbietet: als eine Oase der Ruhe, die nostalgische Erinnerungen weckt.

Die Berber des Djurdjura

Ein stolzes, freiheitsliebendes Volk

Eine Reise durch das nördliche Algerien von Oran nach Annaba ist wie ein Ausflug in die Vergangenheit. In der Umgebung von Oran sind vor allem die Zeugnisse aus der Kolonialzeit besonders interessant. Im Ort El Guethna ist die Erinnerung an den Freiheitskämpfer Abd El Kader (1808–1883) noch lebendig, der die Berberstämme gegen die Franzosen anführte. Er wurde in El Guethna geboren, und dort steht auch sein Mausoleum. Das benachbarte Mascara, der Hauptort der fruchtbaren Eghrisebene, war ein wichtiger Stützpunkt Abd El Kaders. Weiter im Osten kommt man über Tiaret und das Ouarsenismassiv in eine Landschaft, in der es noch alte Zedernwälder gibt. Große Teile davon wurden allerdings von französischen Siedlern gerodet und in eine Agrarlandschaft mit Weiden, Weingärten und Weizenfeldern umgewandelt.

Jenseits der algerischen Hauptstadt erstreckt sich die Kabylei, ein schwer zugängliches Bergland, in dem überwiegend reinblütige Berber beheimatet sind. Von der Mittelmeerküste steigt das in mehrere Massive gegliederte Gebirge stufenförmig nach Süden hin an und erreicht im Djurdjuramassiv, das bis in das Frühjahr hinein mit Schnee bedeckt ist, Gipfelhöhen über 3000 m. Die Einwohner der lehmbraunen Dörfer, die sich an die Kämme und Kuppen schmiegen, sind die Nachfahren der ersten Berber, die vor etwa 2500 Jahren von Osten her hier eindrangen. Von einem unbändigen Freiheitswillen beseelt, haben sie ihr Land und ihre Kultur von jeher erbittert verteidigt. Die kabylischen Frauen haben es immer stolz abgelehnt, den Schleier zu tragen, und sie genießen eine soziale Stellung, um die sie die anderen Algerierinnen beneiden. Im Leben der Dorfgemeinschaft werden wichtige Entscheidungen noch immer von den Alten getroffen, die gelassen vor ihren Häusern im Schatten eines Feigenbaums sitzen und das Leben im Dorf beobachten. Hinter dieser äußeren Idylle verbirgt sich in der übervölkerten Kabylei, wo z. B. Oliven und Feigen die Grundnahrungsmittel sind, allerdings

▶ *Mansoura, in der Nachbarschaft von Tlemcen gelegen, bietet den Besuchern ein weiteres Meisterwerk maurischer Baukunst: das Minarett der ansonsten völlig verfallenen Moschee.*

▲ *Das mächtige Djurdjuramassiv, ein verkarstetes Kalksteingebirge in der Großen Kabylei östlich von Algier, steigt auf Gipfelhöhen von über 3000 m an.*

▼ *Eine Beduinenfrau mit ihrem Kind in der Oase Beni Abbès in Westalgerien*

viel Armut. Seit der Unabhängigkeit im Jahr 1962 ist in der Kabylei viel getan worden, um die wirtschaftliche Lage der Bewohner zu verbessern: in Ben Khedda wurde eine Textilfabrik gebaut, die ungefähr 2000 Menschen beschäftigt, und in Tizi Ouzou, der alten Hauptstadt, wurden ebenfalls viele Industriebetriebe angesiedelt. Der Fremdenverkehr gewinnt besonders in den Badeorten Tigzirt, Azeffroun, Bejaia und Djidjelli an der Küste zunehmend an Bedeutung. Aber auch die weiten, nur etwa eine halbe Stunde vom Meer entfernt liegenden Eichenwälder von Yakouren und die malerischen Bergdörfer des Djurdjura, wie El Hammam oder Beni Yenni, ziehen viele Touristen an. Das Winterskigebiet Tikjda gilt bis in den März hinein als schneesicher. Doch trotz der Verbesserung der Infrastruktur, gezielter Subventionen und der Förderung des einheimi-

▶ *Vom Balcon de Rhoufi, einem hervorragenden Aussichtspunkt, blickt man auf eine der schönsten Landschaften des Aurèsmassivs: im Tal des Wadis El Abiod tiefgrüne Palmenhaine, darüber Felswände, an die sich ein Dorf und eine Einsiedelei schmiegen.*

▲ *Zu den landschaftlichen Höhepunkten der algerischen Mittelmeerküste gehört der reizvolle, von einer idyllischen Küstenstraße gesäumte Golf von Bejaia.*

schen Handwerks, das noch immer hohes Ansehen genießt, ist es nicht gelungen, alle Probleme zu lösen. Einen beträchtlichen Teil des Familieneinkommens machen nach wie vor die Löhne und Renten von Gastarbeitern aus, die nach Europa gegangen sind. Ein weiteres Hindernis für eine schnelle Verbesserung der wirtschaftlichen Lage innerhalb der Kabylei ist die extreme Zersplitterung des Eigentums. Nicht selten besitzt eine Familie nur einen Baum oder zuweilen sogar nur ein paar Äste eines Baums.

Die Küstenstraße führt zu den alten phönizischen Städten Dellys und Tigzirt, die bis heute kleine Fischerorte geblieben sind und vom Sardinen- und Thunfischfang leben. Der landschaftlich schönste Streckenabschnitt liegt am Fuß der Kleinen Kabylei zwischen Bejaia und Djidjelli. Mit ihren Kliffs, Sandstränden, kleinen Buchten und Grotten gehört diese Gegend zu einer der reizvollsten Küstenlandschaften des gesamten Mittelmeerraums.

Die Gebirgswildnis der Großen Kabylei lernt man am besten kennen, indem man einen Abstecher ins Djurdjuramassiv unternimmt. Mehrere Wege führen zur Zentralkette des Tellatlas hinauf: entweder fährt man durch die Dörfer des Maatkas, in denen noch sehr schöne weiße oder safrangelbe, mit geometrischen Mustern verzierte Keramiken hergestellt werden, oder man steigt über steile Wege zum alten Fort National hinauf, das nach der Unabhängigkeitserklärung in El Arbaa Nath Irathen umbenannt wurde. In Igheridene lockt im Frühling das Kirschenfest alljährlich zur Blütezeit viele tausend Menschen an, die unter blühenden Kirschbäumen feiern. Die Bergdörfer wie Beni Yenni, die von El Arbaa Nath Irathen aus zu erreichen sind, zählen zu den schönsten der Kabylei. Die Bewohner sind begabte Kunsthandwerker, die ziselierten, mit Korallen und Email verzierten Silberschmuck herstellen. Der Ausblick auf die alpin wirkende Landschaft des Djurdjura ist grandios. An der südlichen Flanke geht das Gebirge in das fruchtbare Tal des Soummam über. Dort trafen sich im Spätsommer 1956, als der Unabhängigkeitskrieg in vollem Gang war, die Führer der Unabhängigkeitsbewegung und gründeten den Nationalrat der algerischen Revolution.

Durch die Schluchten des Bibangebirges und die weite Ebene von Sétif kommt man hinunter nach Constantine. Eine ausführliche Besichtigung der an der Wegstrecke liegenden Ruinenstadt Djemila ist überaus lohnenswert. Die Araber nannten die Gebirgslandschaft und die darin liegende römische Stadt mit einem Forum, dem Triumphbogen des Caracalla, Thermen und schönen Mosaiken nicht umsonst Djemila (Schöne).

▶ *Bei Ausgrabungen am Stadtrand von Annaba wurden diese Mosaiken entdeckt. Sie stammen aus der antiken Stadt Hippo Regius, die älter als Karthago gewesen sein soll.*

Constantine gleicht einem Adlerhorst, der hoch über den Schluchten des Rummel auf einem felsigen Plateau liegt. Schon allein wegen ihrer einzigartigen Lage ist die ehemalige Residenzstadt numidischer Könige eine Reise wert, allerdings hat sich Constantine, das römische Cirta, in den letzten Jahrzehnten nicht gerade zu seinem Vorteil verändert. Geblieben sind das Gassengewirr der Altstadt, mehrere interessante Moscheen und vor allem der überwältigende Blick auf

▲ *In der reizvollen Mittelgebirgslandschaft westlich von Constantine liegt Djemila, das Ruinenfeld der Römerstadt Cuicul. Der stattliche Triumphbogen am Eingang der ehemaligen Stadt wurde zu Ehren des römischen Kaisers Caracalla errichtet.*

die Berge und Täler des Tellatlas. In der Umgebung gibt es verschiedene archäologische Stätten, z. B. das von einer byzantinischen Mauer aus dem 6. Jh. umschlossene Mila und vor allem die Überreste des römischen Kastells Tiddis, einer ehemaligen Gebirgsstadt in schräger Hanglage. Constantine ist ein idealer Ausgangspunkt für Ausflüge zur Mittelmeerküste, aber auch für Exkursionen ins Landesinnere bis an den Rand der großen Wüste, der algerischen Sahara.

Der Weg nach Süden führt über die Hochebene der Salzseen zunächst nach Batna. Dort zweigt eine Straße zur Ruinenstadt Timgad ab, deren Bau Kaiser Trajan im 1. Jh. n. Chr. befahl; sie kann sich in ihrem archäologischen Reichtum durchaus mit Stätten wie Pompeji messen. Hinter dem Aurèsgebirge wird die Landschaft immer wüstenähnlicher. Zedern- und Kiefernwälder gehen in Palmenoasen wie z. B. Arris und Rhoufi über. Von dem berühmten Aussichtspunkt Balcon

▶ *Ghardaia ist der Hauptort des M'Zab, des Wohngebiets der Mozabiten, Anhängern einer strenggläubigen moslemischen Sekte, die hier im 11. Jh. Zuflucht fanden.*

▲ *Die Einwohner von El Qued, der bedeutendsten Oase des Souf, sind Nachfahren von Jemeniten, die als Glaubensflüchtlinge die Arabische Halbinsel verlassen mußten und sich nach einer langen Odyssee vor rund 500 Jahren hier niederließen.*

de Rhoufi schaut man in den Canyon des El Abiod, an dessen steilen Hängen kleine Dörfer wie Schwalbennester kleben. Nun ändert sich das Landschaftsbild; der Reisende läßt das mediterrane Algerien hinter sich. Biskra, die größte Stadt der algerischen Sahara und erste „echte" Oasenstadt, ist Ausgangspunkt für einen Ausflug in das andere Algerien.

Algerische Oasen
Ein Platz für Außenseiter

Die Grenze zwischen den mediterranen Steppen und der Wüste ist wie die meisten Landschaftsgrenzen nur eine gedachte Linie und könnte je nach den der Abgrenzung zugrunde gelegten Merkmalen auch 100 km weiter nördlich oder südlich verlaufen. Die klimatische Nordgrenze der Sahara wird üb-

▶ *Zwei Besonderheiten des Souf sind auf dieser Abbildung zu erkennen: die charakteristischen Dachkuppeln der Häuser und die in den sandigen Wüstenboden gegrabenen Trichter, in denen Dattelpalmen angepflanzt werden.*

▲ *Die Frauen in Melika, einer der Städte des M'Zab, tragen den* Haik, *das traditionelle, lange weiße Gewand. Ihre Erscheinung ähnelt in verblüffender Weise der Silhouette des Grabmals Sidi Aissas im Hintergrund.*

licherweise dort gezogen, wo die Niederschläge im Jahresdurchschnitt auf mehr als 100 mm ansteigen. Die natürliche Anbaugrenze der Dattelpalme zeigt ebenfalls den Übergang zweier Naturräume an; sie verläuft knapp 50 km nördlich von Biskra. Wenn man von Norden her kommt, erscheint einem schon Bou Saâda als richtige Oase – ein Eindruck, der sich spätestens dann als falsch erweist, wenn man El Qued, die „Stadt der 1000 Kuppeln", erblickt. Sie ist durch die Ghitane, die Anbauschüsseln, bekannt geworden, denn während man in den übrigen Oasen das Wasser im allgemeinen zu den Pflanzen leitet, geht man hier den umgekehrten Weg: Man gräbt schüsselförmige Vertiefungen in die Sanddünen, deren Boden nur wenig über dem Grundwasserspiegel liegt. Die Dattelpalmen und anderen Bäume suchen sich mit ihren Wurzeln selbst das lebensnotwendige Naß, brauchen demzufolge also nicht bewässert zu werden. Dafür macht es sehr viel Mühe, die Anbauschüsseln vom ständig einwehenden Flugsand frei zu halten.

El Qued ist der Hauptort der Landschaft Souf, deren dokumentierte Geschichte nur etwa fünf Jahrhunderte zurückreicht. Die Bewohner waren ursprünglich im Jemen beheimatet, machten in Ägypten, Tripolitanien, dem heutigen Libyen, und in Tune-

▶ *Über dem Marktplatz von Ghardaia, auf dem sich täglich die Kauf- und Schaulustigen drängen, ragt das pyramidenförmige Minarett der Großen Moschee auf.*

▲ *Ein alter, verfallener* Ksar *(mit Mauern befestigtes Dorf) auf einem Hügel über der Oasenstadt El Golea, der die sorgfältig weiß gekalkte Koubba zu bewachen scheint. Diese bewahrt die sterblichen Überreste eines moslemischen Heiligen auf.*

sien Station, bis sie sich nach einer langen Irrfahrt in El Qued niederließen. Hier lernten sie, Gewölbe und Kuppeln ohne Verschalung zu bauen. Auf die Idee, in die Dünen schüsselförmige Vertiefungen zu graben und darin ihre Bäume unmittelbar über dem Grundwasserspiegel anzupflanzen, kamen sie durch das ebene, tief gelegene Gelände. Mit dieser Anbaumethode ersparten sie sich die Bewässerung der Kulturen. In Behima, ungefähr 15 km östlich von El Qued an der Straße nach Tunesien, sind die Anbauschüsseln besonders regelmäßig angelegt. Dort ist die Weberei noch weit verbreitet, die im Souf sonst keine Tradition hat. Die in den Souks angebotenen Gewänder, Decken und geknüpften Teppiche stammen alle aus der Gegend um Behima.

▲ *Die Nomaden der Sahara gelten als sehr gastfreundlich. Ihre Lebensweise erscheint der Regierung veraltet, zweifelhafte Programme zur „Seßhaftmachung" wecken ihren Widerstand.*

Touggourt, südwestlich von El Qued gelegen, ist von ausgedehnten Palmengärten umgeben, die durch zahlreiche artesische Brunnen bewässert werden und für ihre ausgezeichneten Datteln bekannt sind. Auf dem Friedhof am Stadtrand liegen unter den Palmen die weißen oder hellroten, von einer Kuppel überwölbten Grabstätten einiger bekannter moslemischer Heiliger. Nicht weit von Touggourt entfernt, schmiegt sich das stark befestigte Temacine an die Flanken eines Hügels. Über den engen, vielfach überdachten Gassen ragt das Minarett der kleinen Moschee auf.

Endlich ist Ghardaia, Hauptstadt des M'Zab, erreicht. Sie und die vier anderen kleinen Städte der Pentapolis (Fünfstadt) sehen aus der Ferne wie riesige, surrealistisch anmutende, von Minaretten gekrönte Stufenpyramiden aus. Große Architekten unseres Jahrhunderts wie Frank Lloyd Wright (1869–1959) und Le Corbusier (1887–1965) kamen hierher, um sich von diesen in der Welt einzigartigen Städten und ihrer Architektur inspirieren zu lassen. Vor etwa 900 Jahren sahen sich die als unerschütterliche Anhänger und puritanische Verfechter der

Lehre des Propheten geltenden Mozabiten (ihr Name leitet sich von M'Zab her) aus politischen und religiösen Gründen gezwungen, sich in dieser Einöde niederzulassen. Sie errichteten ihre Moscheen nüchtern und schlicht wie die Kirchen der Zisterzienser, in Formen, die an die Lehmarchitektur des Sahel erinnern. Da der Grundwasserspiegel im M'Zab sehr tief liegt, mußten sie viele hundert Meter tiefe Brunnen graben, um an das begehrte Naß zu gelangen.

▲ *Weite, flache Flugsandfelder bedecken große Teile der Sahara. Die Berge scheinen in ihrem eigenen Verwitterungsschutt zu ersticken.*

Von den ursprünglich fünf Städten der Pentapolis ist Ghardaia die architektonisch interessanteste, aber auch Beni Isguen, Melika, Bou Noura und El Ateuf sind einen Besuch wert. Die heilige Stadt Beni Isguen ist noch vollständig von Mauern umgeben, deren Tore nachts verschlossen werden. Man kann die Stadt nur in Begleitung eines einheimischen Führers besichtigen; Fremde oder Andersgläubige dürfen in ihr nicht übernachten.

El Golea erreicht man nach einer langen Fahrt durch düstere Hammadas (Schutt- und Felswüsten). Die Stadt bietet ein ganz anderes Bild als die Oasenstädte der Mozabiten: sie ist großzügig angelegt und in Palmengärten gebettet, in deren Schatten von Aprikosen über Feigen und Orangen bis hin zu Tomaten und Auberginen in verschiedenen Anbaustockwerken eine Vielzahl von Nutzpflanzen gedeiht.

Rund 50 km südlich von El Golea zweigt von der geteerten Straße, die in den „Großen Süden", den Kern der Sahara, führt, eine Straße nach Westen ab und führt nach Timimoun, das für seine Bauten im sudanesischen Stil bekannt ist. Ähnlich wie In-Salah jenseits des Plateaus von Tademait wurde Timimoun früher größtenteils durch *Foggaras* (Stollensysteme, in denen das Grundwasser herangeleitet wird) mit Wasser versorgt,

▲ *Die in die Felswände des Tassili geritzten Bilder von Rindern stammen vermutlich aus der Endphase der jüngsten Eiszeit, als große Teile der Sahara noch günstige Lebensbedingungen für Mensch und Tier boten.*

während heute Tiefbrunnen diese Aufgabe erfüllen. Seitdem die Straße ausgebaut ist, können Reisende die 300 km lange Strecke zwischen Timimoun und dem weiter westlich gelegenen Beni Abbès an nur einem Tag bewältigen. Die weiße Oasenstadt Beni Abbès markiert den Beginn der sogenannten Palmenallee, einer locker geknüpften Kette von Palmenoasen am Nordrand der Sahara. Durch den Ausbau der Erdöl- und Erdgasindustrie sowie durch den wachsenden Tourismus haben die Oasen an den großen Durchgangsstraßen viel an Ursprünglichkeit eingebüßt. Taghit, nördlich von Beni Abbès zwischen Dünen und schroffen Felswänden gelegen, gehört dagegen zu den wenigen Oasen, an denen diese Veränderungen spurlos vorübergegangen sind, auch wenn man dort vor einigen Jahren ein Hotel für Touristen errichtete. Wenige Kilometer vor dem Ort wurden Hunderte teilweise sehr schön erhaltener Felsbilder entdeckt, die auf einer ausgebauten Straße leicht zu erreichen sind.

Die Wüste

Das Gedächtnis Afrikas

Die Sahara steht für furchterregende Einsamkeit und atemberaubend schöne Fels- und Sandformationen zugleich; vier Fünftel der Landesfläche Algeriens werden von der Wüste eingenommen. Wind, Sonne und Wasser verändern die Architektur der Wüstenlandschaften unaufhörlich. Das Ergebnis ihrer Arbeit sucht seinesgleichen: die Wüste von Tanezrouft, eine über mehrere hundert Kilometer hinweg tischebene Einöde, das Hoggarmassiv, mit seinen bis zu 3000 m emporragenden Basaltnadeln, und nicht zuletzt die typische Schotterwüste von Tademait. Die Naturkräfte türmten den Flugsand zu wahren Dünengebirgen auf, zerfurchten die kahlen Hänge und gruben tiefe Täler in den Untergrund, die als Wadis (Trockentäler) oft jahrelang keinen Tropfen Wasser führen.

◀ *Während die Männer der Tuareg ihr Antlitz mit einem Baumwolltuch verhüllen, bleiben die Frauen bis auf ein Kopftuch unverschleiert. Der leicht auf die Haut abfärbende Indigostoff des Festtagsschleiers trug zum Namen „Blaue Männer der Wüste“ bei.*

Die Wüste ist schön und abstoßend, befreiend und bedrückend zugleich. Am frühen Morgen reicht der Blick in der trockenen Wüstenluft Dutzende von Kilometern weit, mittags flimmert die Luft über dem erhitzten Boden, und das Auge wird durch Luftspiegelungen getäuscht. Abseits der wenigen Pisten herrscht Totenstille, und doch findet man Spuren des Lebens, Pflanzensa-

▲ *Das Bild des Atakor, der Kernregion des Hoggargebirges, wird von bizarren Felskegeln aus hartem vulkanischen Gestein geprägt.*

men z. B., welche die lange Zeit bis zum nächsten Regen im Boden überdauern, Spuren von Tieren, die sich tagsüber unter Steinen oder im Sand verkriechen und erst nachts aktiv werden.

Daneben gibt es historische Dokumente, die für eine reiche Tierwelt, für ein üppiges Pflanzenkleid und eine dichtere Besiedlung der Wüste vor noch wenigen Jahrtausenden sprechen: Felsbilder findet man so gut wie in allen Gebirgsregionen der Sahara, dazu ungezählte Gebrauchsgegenstände der früheren Bewohner. Vor allem die Felsbilder, auf Felswände gemalt oder in die Gesteinsoberfläche gekratzt, zeugen von der reichen Flora und Fauna vergangener Zeiten. Sie stellen Elefanten, Giraffen und Löwen sowie Hirten mit großen Viehherden dar. Früher muß die Sahara diesen Tieren geeignete Lebensbedingungen geboten haben. Vielleicht war ihr Klima feuchter, wie viele Wissenschaftler annehmen, vielleicht wurde sie aber auch erst durch den Menschen „ver-wüstet". Wie schnell sich eine Steppe oder Savanne in ein Meer aus Sand verwandeln kann, zeigt die Ausbreitung der Wüste in der Sahelzone am Südrand der Sahara.

▶ *Ein Saumpfad in der Felswildnis des Tassili N'Ajjer nahe der algerisch-libyschen Grenze*

▲ *Tafraout, ein malerisches Bergdorf mit rosa- und ockerfarbenen Häusern, zieht sich vom fruchtbaren Talgrund bis zu den kahlen Granithängen des marokkanischen Antiatlas hinauf.*

MAROKKO

Nur eine schmale Meerenge, die Straße von Gibraltar, trennt Europa vom nordafrikanischen Königreich Marokko. Das Land hat seinen orientalischen Charakter weitgehend bewahrt, pflegt andererseits aber auch enge Beziehungen zur westlichen Welt.

WER zum erstenmal mit dem Fährschiff von einem der Häfen an der Südspitze Spaniens über die Straße von Gibraltar hinüber nach Marokko fährt, ist zunächst meist ein wenig enttäuscht, denn die Landschaft am jenseitigen Ufer der Meeresstraße sieht kaum anders aus als in Andalusien: keine Spur von Wüsten, Urwäldern oder was man sonst noch gemeinhin mit Afrika verbindet. Gewiß, die Leute in den Straßen sind größtenteils anders gekleidet als in Spanien und sprechen arabisch, vielleicht ziehen auch orientalisch anmutende Düfte durch die Städte und Dörfer, aber viele Orte, wie Larache an der Atlantikküste mit seinen von Arkaden gesäumten Marktgassen oder Chechaouen im Binnenland, könnten ebensogut auf der Iberischen Halbinsel liegen. 1000 km weiter im Süden ist man jedoch in den Oasen der Sahara im tiefsten Afrika – die Grenze zwischen diesen zwei Welten verläuft also mitten durchs Land.

Der geographischen Verwandtschaft zwischen dem nördlichen Marokko und Andalusien entspricht auch eine enge kulturelle Verbundenheit zwischen den beiden Landschaften. Darin liegt eine der typischsten Eigenarten Marokkos, zugleich aber auch eine, die man bei einem flüchtigen Besuch leicht übersieht. Es gibt viele gemeinsame Züge mit Andalusien in der Musik und in der Sprache, doch am deutlichsten tritt die kulturelle Verwandtschaft in der Architektur und Kunst zutage. So gesehen, müßte eine Reise durch Marokko eigentlich schon am Fuß der Giralda in Sevilla, der Alhambra in

▲ *Ein Schafhirte im Vorland der verschneiten Gebirgsketten des Mittleren Atlas*

Granada und in der Mezquita (Moschee) von Córdoba beginnen.

Die Kunst, die sich zuerst in den großen Städten Andalusiens entwickelte, bestimmt bis heute das Bild zahlreicher Bauwerke in Marrakesch, Fès, Taza, Tinmal, Rabat und Meknès. Kunsthistoriker sprechen von der *hispano-maurischen* Kunst, um auszudrükken, daß in diese Kunst spanische, arabische und berberische Stilelemente eingeflossen sind. Ihre besonderen, durch die Verschmelzung von mindestens zwei verschiedenen Kulturen entstandenen Eigenarten spiegeln sich nicht nur im Baustil der Moscheen, Mausoleen und Zitadellen wider, sondern auch in nahezu allen Bereichen der dekorativen Architektur, den Bogen, Holzdecken, Stuckarbeiten, Fayencen, Schmiedearbeiten bis hin zum Mobiliar.

Der Streit der Mauren

Das marokkanische Mittelalter

Die ersten großen Monumente islamischer Kunst in Spanien entstanden ab etwa 750 nach der Gründung des Emirats und späteren Kalifats Córdoba durch die Omajaden. In ihnen dominierten noch orientalische bzw. arabische Einflüsse, weshalb diese Zeit im Gegensatz zu der darauffolgenden hispanomaurischen manchmal als hispano-arabische Epoche bezeichnet wird. Beide Perioden gehen jedoch nahtlos ineinander über.

Um die Mitte des 11. Jh. brachen Nomadenheere aus dem fernen Adrar im heutigen Mauretanien nach Norden auf, um als fanatische Anhänger des Islam einen heiligen Krieg gegen alle Ungläubigen und die Sündigen unter den Moslems zu führen, ähnlich der Bewegung der christlichen Ritterorden. Man nannte sie *Al-murabitun*, das bedeutet soviel wie „jene, die im Ribat (Wehrkloster) leben". Aus dieser Bezeichnung leitet sich der Name Almoraviden ab. Das Schauspiel sollte sich in den folgenden Jahrhunderten noch mehrmals mit geringen Abweichungen wiederholen: Ein Wüstenvolk entrüstete sich über die Sittenlosigkeit und Dekadenz der herrschenden Dynastie und kam durch einen heiligen Krieg selbst an die Macht. Der religiöse Feldzug der tiefgläubigen Almoraviden wandelte sich bald in einen reinen Eroberungsfeldzug. Sie unterwarfen im 11. Jh. Fès, das von ihren Vorgängern, den Idrisiden, gegründet worden war, und eilten dann ihren Glaubensgenossen in Sevilla und Granada zu Hilfe, die von den Heeren der katholischen Könige Spaniens bedrängt wurden.

Die Almoraviden dehnten ihre Herrschaft über Marokko bis nach Algerien und Spanien aus. Im darauffolgenden Jahrhundert wurden, um den Gang der Geschichte verkürzt darzustellen, die Almoraviden selbst verjagt – von den Almohaden, die aus derselben tiefreligiösen Überzeugung handelten und ihrerseits ihren Ruhm im Kampf gegen die Christen in Spanien zu mehren versuchten. Die Almohaden fielen wiederum um die Mitte des 13. Jh. den Meriniden, einem von Südalgerien hereindrängenden Berberstamm, zum Opfer.

In einer Zeitspanne von 200 Jahren, vom 11. bis zum 13. Jh., hatte sich das marokkanische Reich über den größten Teil Nordafrikas ausgedehnt und Spanien der islamischen Welt erhalten, zwei Jahrhunderte voller Heldentaten, Wohlstand und eines kulturellen Aufschwungs ohnegleichen. Während jener Zeit verschmolzen die Kulturen der Andalusier und der Berber zu einer neuen, eigenständigen Kultur. Diese Kultur sollte auch die Rückeroberung Granadas im Januar 1492 durch die Christen, die das Ende der maurischen Herrschaft in Spanien bedeutete, überdauern.

Abendland und Morgenland

Die Quellen der maurischen Kunst

Welche der beiden ursprünglichen Kulturen hat nun mehr von der anderen profitiert? Eine schwierige Frage. Experten sind der Ansicht, daß die Gliederung der Moscheen in Schiffe, die Backsteinbogen und die mit

▲ *In den Talniederungen zwischen dem Hohen Atlas und der Sahara liegen verstreut Ksars, befestigte Dörfer. Sie sind von sorgfältig bewässerten Palmenhainen, Feldern und Gärten umgeben.*

Ziegeln gedeckten Satteldächer Merkmale der andalusischen Architektur sind, ohne daß jedoch klar entschieden werden kann, ob diese Formen bereits in die marokkanische Architektur übernommen worden waren oder ob ein Sultan gezielt Anleihen bei spanischen Bauwerken machte. Die Frage nach der gegenseitigen Beeinflussung ist letztlich für den Kunstfreund, der die Werke nur genießen will, auch müßig. Der Partner nördlich des Mittelmeers steuerte die höher entwickelte Bautechnik und die besseren Baustoffe, der afrikanische Nachbar das orientalische Gefühl für Luxus und üppige Dekoration bei.

Das eindrucksvollste Beispiel dieser gelungenen Synthese zweier Stilrichtungen ist die Umwandlung der kleinen vierkantigen Minarette syrischen Ursprungs in monumentale, stilistisch eigenständige Bauwerke. Dazu gehören vor allem der Hassanturm in Rabat, das Minarett der Kutubijjamoschee in Marrakesch und der über 90 m hohe Turm La Giralda, das Wahrzeichen Sevillas.

Übrigens haben nach den Almoraviden die Almohaden die Sakralarchitektur von 1147 bis 1269 entscheidend geprägt. Ihre asketische Strenge und die ständige Sorge um die Bewahrung der durch einen strengen Glauben bestimmten Ethik führten dazu, daß die Bauwerke immer spärlicher ausgestattet wurden, eine ähnliche Entwicklung, wie sie auch bei den Klöstern des Zisterzienserordens im Mitteleuropa des 12. Jh. zu beobachten ist.

In Granada ist die Alhambra ein Musterbeispiel dafür, was eine prachtliebende Profanarchitektur hervorbringen kann, während in Marokko entsprechende Bauwerke im Lauf der bewegten Geschichte nahezu ausnahmslos zerstört wurden. Die kunstvollen Paläste und Gartenanlagen Marokkos waren vielleicht noch imposanter als die auf der Iberischen Halbinsel. In Marrakesch vermitteln die Ruinen des berühmten Sultanpalasts El Badi (Der Unvergleichliche) noch einen Eindruck von der vergangenen Pracht, obwohl die Dekorationen auch hier verschwunden sind. Die Freude der Mauren wie auch der Andalusier an schönen Gärten lebt z. B. im Agdalgarten in Marrakesch weiter. Der im vorigen Jahrhundert erweiterte Garten geht auf eine Anlage des ersten Almohadensultans zurück. Eine gemeinsame Vorliebe hegen Marokkaner und Andalusier schließlich für Patios (Innenhöfe), die mit vielen Zierpflanzen und möglichst auch einem kleinen Springbrunnen geschmückt sein müssen.

Der spanische Einfluß beschränkte sich natürlich nicht nur auf die Architektur, er hinterließ auch bei der Wasserversorgung und in der Bewässerungstechnik sowie in der Landesverteidigung seine Spuren. Andererseits wiederum führten die Mauren viele Nutzpflanzen auf der Iberischen Halbinsel ein, die man heute ganz selbstverständlich mit Spanien verbindet, wie z. B. die Orange, die Zitrone oder den Maulbeerbaum.

Rabat

Alte und neue Hauptstadt des Königreichs

Die Geschichte der Landeshauptstadt spiegelt die bewegte Vergangenheit Marokkos vielleicht am besten wider: im 10. Jh. ein Ribat, eine Klosterburg der strenggläubigen Almoraviden, dann die Residenz der Almohadensultane und Kommandozentrale im Krieg mit den Christen in Andalusien, vom 17. bis zum Beginn des 19. Jh. ein Seeräubernest und ab 1912 auf Befehl der Kolonialmacht Frankreich wieder Hauptstadt.

▶ *In den Schluchten des Dades: Die aus Lehm erbauten Kasbas waren bei Überfällen von Nomadenstämmen die letzte Zufluchtsstätte der Bauern. Das düstere Bild der alten Fliehburgen wirkt im Frühjahr durch die Blütenpracht der Mandelbäume etwas freundlicher.*

▲ *Datteln sind das wichtigste Grundnahrungsmittel der Oasenbauern in Südmarokko. Ab dem 5. Lebensjahr tragen Dattelpalmen Früchte, die frisch oder getrocknet, gekocht oder gebacken verzehrt werden.*

keit mit der Giralda von Sevilla. Der Hassanturm sollte nach den Plänen des Kalifen Jakub el-Mansur, des Gründers von Rabat, das Minarett einer Moschee werden, die alle anderen Moscheen in Nordafrika und auf der Iberischen Halbinsel in den Schatten gestellt hätte. Der Säulensaal sollte nicht weniger als 19 Schiffe umfassen, die von mehr als 500 Säulen und Pfeilern aus Marmor hätten getragen werden sollen. Das Bauwerk hätte als einzigartige Synthese der von den Almohaden gepredigten Schlichtheit und der Kühnheit andalusischer Baumeister fast die doppelte Fläche der Peterskirche in Rom eingenommen. Auf einem Teil des Geländes, das für die riesige Moschee vorgesehen war, wurden in den 60er Jahren für den 1961 verstorbenen König Mohammed V. eine Grabmoschee und ein Mausoleum errichtet. Die dabei verwendeten ockerfarbenen Werksteine und die Bauweise des Mausoleums, das mit seinen von Hufeisenbogen durchbrochenen Fassaden an die Dekoration im oberen Teil des Hassanturms anknüpft, werden vielfach als gelungenste neuzeitliche Schöpfung islamischer Baukunst gepriesen.

Der Vorort Salé, am nördlichen Ufer des Bou-Regreg gegenüber von Rabat gelegen, gilt als historische Keimzelle der marokkanischen Hauptstadt. Salé ist mindestens seit dem 3. Jh. v. Chr. bekannt. Vom Sala der Römerzeit, von den Berbern Chella genannt, sind nur einige unbedeutende Ruinen erhalten, in denen im 13. Jh. ein Friedhof angelegt und ein Ribat erbaut wurde. Unter der Berberdynastie der Meriniden wurde Chella ab 1269 zur letzten Ruhestätte der Sultane, zur Totenstadt. Hier befinden sich auch die Gräber des Sultans Abu el Hassan (1331–1348), des „Schwarzen Sultans", und seiner Gemahlin, die als Christin zum Islam übergetreten war.

Tanger

Der ehemalige Freihafen

Bereits in Rabat sind die Gegensätze, die das Bild Marokkos kennzeichnen, allgegenwärtig: ein Land, das sich einerseits die westlichen Industriestaaten zum Vorbild gewählt hat und das andererseits in orientalischer Zeitlosigkeit verharrt. Diese Zwiespältigkeit ist im Norden des Königreichs noch ausgeprägter. Nicht, daß der Norden Marokkos besonders reich oder stark industrialisiert wäre. Im Gegenteil: Tanger hat seine Attraktivität als Freihafen und seine große europäische Kolonie in den luxuriösen Villenvierteln der Montagne verloren. Weiter im Osten, zwischen Tanger und Ceuta, nahe dem kleinen Fischereihafen Ksar es-Seghir, wo sich im 12. Jh. die Heere der Almohaden zum heiligen Krieg gegen die katholischen Könige Spaniens einschifften, muß der Ort gelegen haben, an dem die verliebte Kalypso, die Tochter des Atlas, Odysseus sieben Jahre lang festhielt.

Zwischen 1912 und 1956 besaß Tanger internationalen Status und entwickelte sich zu

▶ *Wie nahezu alle Nomadenstämme in der Sahara werden auch die R'Gibats, bekannte Kamelzüchter, gezwungen, ihre ursprüngliche Lebensweise mehr und mehr aufzugeben.*

einem blühenden Handelszentrum. Heute ist die Stadt zu einem Fremdenverkehrszentrum und Fährhafen geworden. Dank der Anstrengungen der Fremdenverkehrsindustrie hat Marokko mit der Küste, die sich von Ceuta nach Süden erstreckt, nun seine eigene „Riviera“. Weitere Touristikzentren entstanden am Kap Malabata und in der malerischen Bucht von Al-Hoceima. An der Atlantikküste sind die weiten Sandstrände bei Larache ein besonderer Anziehungspunkt. In Lixus, einer römischen Siedlung nahe Larache, wurden Ruinen aus jener fernen Zeit freigelegt. Sie sind allerdings nicht mit den imposanten Bauten der Römerstadt Volubilis nördlich von Meknès zu vergleichen, der bedeutendsten Ruinenstätte in Marokko, die eine Fläche von ungefähr 40 ha einnimmt. Das auf einem fruchtbaren Plateau gelegene Volubilis gleicht mit seinen Villen, dem Triumphbogen, dem Forum und den herrlichen Mosaiken einem Freilichtmuseum. Volubilis war Residenzstadt der römischen Prokuratoren und wurde von den Römern durch eine 2350 m lange Schutzmauer gut gesichert.

▲ *Rabat: Das Ruinenfeld von Chella, einst Totenstadt der Merinidensultane, wird von hohen Mauern mit mächtigen Tortürmen umschlossen.*

Das Rif

Macchien und Kif

Der Nordosten Marokkos ist noch weithin touristisches Niemandsland. In den Rifatlas, der einen Gebirgsbogen zwischen der Straße von Gibraltar und der Mündung des Moulouya in das Mittelmeer bildet, verirren sich nur wenige Urlauber, nicht von ungefähr übrigens, denn eine Reise in das Rifgebiet kann für den Touristen mit Risiken verbunden sein. Dabei liegen in dem tief zerklüfteten, von immergrünen Macchien bedeckten Gebirgsmassiv einige der schönsten Städte Marokkos verborgen.

Chechaouen und Ouezzane werden als Wallfahrtsorte alljährlich von vielen Pilgern besucht. Chechaouen verdankt seine Berühmtheit vor allem der Grabstätte eines Nachkommen des Moulay Idriss, welche die Pilger in Scharen anzieht. Noch bis in unser Jahrhundert hinein war es Europäern strengstens verboten, die heilige Stadt zu betreten und zu besichtigen. Ouezzane ist einer der bedeutendsten islamischen Wallfahrtsorte in Marokko. Die Altstadt von Ouezzane ist nicht von einer Schutzmauer umgeben.

Aus dem wildromantischen Rifgebirge, das östlich von Chechaouen auf über 2000 m Höhe ansteigt, winden sich schmale Straßen hinunter zur Küste. Küstendörfer wie Jebba oder Torres, die in Europa vollkommen unbekannt sind, haben herrliche Strände, die denen der südeuropäischen Badeorte in nichts nachstehen. Ihre Einwohner führen ein kümmerliches Leben, sie ernähren sich vom Fischfang. Das Rif ist bettelarm. Zu seinen wichtigsten Erzeugnissen gehört der *Kif,* wie der Haschisch hier genannt wird. Die Bauern in den entlegenen Bergtälern bauen heimlich Hanf an, stellen daraus die Droge her, die dann über Zwischenhändler zu den Konsumenten gelangt. Hin und wieder gelingt es der Polizei, einen Händlerring zu zerschlagen, doch nicht selten arbeiten Polizisten mit den Drogenhändlern auch zusammen. Mit allen Tricks versuchen diese, die Reisenden zu ködern und ihnen Haschisch zu verkaufen. Die Route de l'Unité, eine der schönsten Gebirgsstraßen Marokkos, wurde 1956 nach Erlangung der Unabhängigkeit gebaut. Sie quert das Gebirge in nordsüdlicher Richtung und berührt dabei Gegenden, die früher völlig von der Außenwelt abgeschnitten waren; nur ab und zu taucht ein kleines Dorf auf.

Die stolzen, freiheitsliebenden Berber des Rifgebirges sind nicht nur ihren Überlieferungen, sondern auch manchen heidnischen Bräuchen treu geblieben. An den Straßen sieht man häufig Frauen in gestreiften Gewändern, die Steine auf eine geweihte Stelle werfen. Glaube und Aberglaube liegen hier

eng beieinander. Dem Wasser kommt im Volksglauben eine große Bedeutung zu: Es soll kinderlosen Frauen den ersehnten Nachwuchs bescheren. In Tagassa legen sich Frauen am Strand auf einen Dünenhang und lassen sich siebenmal ins Meer rollen; im Anschluß an diese Zeremonie, bei der die heilige Zahl Sieben eine wichtige Rolle spielt, tauchen die Frauen in der festen Überzeugung, in sechs Wochen schwanger zu sein, einmal im Meer unter.

▲ *Der Hassanturm in Rabat sollte nach dem Willen des Stadtgründers Abu Jusuf Jakub el-Mansur (1184–1199) das Minarett einer der größten Moscheen der Welt werden. Minarett und Moschee blieben jedoch unvollendet.*

Im von tiefen Schluchten zerfurchten Gebirgsland nördlich von Chechaouen leben die Ghomara. Auf dem Markt von Asifal verkaufen sie ihre Produkte, die auf dem Rücken von Eseln über Schotterwege herbeigeschafft werden: Gerste, Häute, Erbsen, Puffbohnen und Eier. Man sieht dort auch noch die von Hand geformten Tonkrüge, die seit Generationen zur Aufbewahrung von Sauermilch dienen. In einem Nachbardorf stellen die Beni Zyat, ein anderer Berberstamm, ebenfalls ohne Töpferscheibe hübsche Kühlkrüge mit drei Füßen her. Die Krüge werden mit einem Kräuterextrakt bestrichen, der sich beim Brennen braun verfärbt. In diesen Gefäßen bleiben Wasser und Milch durch die Verdunstungskälte auch an heißen Sommertagen kühl und erfrischend.

Fès

Älteste Königsstadt Marokkos

Nach der raschen Ausbreitung des Islam brach Marokko im 8. Jh. mit der lateinischen Welt und dem Christentum. Das Königreich, das Moulay Idriss I. am Ende des 8. Jh. gründete, war indes kein Reich der

▲ *In der Medina von Chechaouen, die nach der Rückeroberung von Granada durch die katholischen Könige von Flüchtlingen aus Andalusien besiedelt wurde; die engen, schattigen Gassen der Altstadt bieten Schutz vor der stechenden Sonne.*

Berber, sondern der Araber. Die Hauptstadt Fès, die von dem erst 16jährigen Moulay Idriss II. gegründet wurde, war ebenfalls in erster Linie eine arabische Stadt, und sie wurde zum Ausgangspunkt der Arabisierung und zum Zentrum islamischer Kultur in Marokko.

Ein Gast aus Europa trifft in Fès el Bali, dem historischen Kern der ältesten Königsstadt Marokkos, auf eine Welt, die hierzulande nur noch in den Köpfen der Historiker lebendig ist: die Welt des Mittelalters. Die Stadt Fès hat sich seit einem halben Jahrtausend fast unverändert erhalten.

Man speist dort in winzigen Gasthäusern, wo direkt vor den Augen des Gastes Lammfleisch über dem Holzkohlenfeuer brutzelt. Nachher besucht man vielleicht die Medersa el Attarîn, eine im 14. Jh. erbaute Koranschule, bummelt über den Seffarinplatz und den Nejjarinplatz und schlendert anschließend durch den Souk el Attarîn, in dem neben duftenden Kräutern und Gewürzen u. a. auch Henna angeboten wird, ein rötliches Pulver, das schon im alten Ägypten als Färbemittel benutzt wurde. Das Gedränge in den engen Gassen von Fès ist groß. Besucher sollten sich mit der gleichen Beharrlichkeit wie die Einheimischen einen Weg durch die Menschenmassen bahnen.

Am Anfang ist es am besten, sich im Menschenstrom durch die Treppengassen treiben zu lassen, vorbei an fensterlosen Hauswänden, die gepflegte Innenhöfe, kühlen grünen Oasen gleich, umschließen. Wenn es der Zufall will, gelangt man auf diese Weise in den Souk der Gerber und Färber, wo Männer mit nackten Beinen in Bottichen waten, die mit einer roten Flüssigkeit gefüllt sind, und dabei die Häute walken. Zwischendurch wird man sich erschöpft und verwirrt in eine der kleinen Teestuben flüchten und dort Schluck für Schluck ein Glas siedendheißen, zuckersüßen Tee genießen. So gestärkt, faßt man wieder Mut, die Stadt weiter zu erkunden.

Das ist jedoch leichter gesagt als getan. Häufig wird man in einen *Derb* gelangen, ein Labyrinth von engen Gassen, das nur über einen einzigen Zugang verfügt. Die Stadt Fès liegt in einer Mulde. Sie wird noch vollständig von der alten Stadtmauer umgeben. Von der 16 km langen Umfassungsstraße herab genießt man einen herrlichen Blick auf die weiße Stadt und ihr fruchtbares Umland. Das geübte Auge erkennt aus den Dutzenden grüner und roter Minarette die Türme der Kairouanmoschee, der großen Hauptmoschee von Fès, und der Grabstätte Moulay Idriss' II., des Stadtgründers, heraus. Am frühen Morgen liegen große Teile der Altstadt im Schatten der kilometerlangen Mauern, die die Medina umgeben. Im rötlichen Abendlicht erscheinen auf den flachen Dächern der Wohnhäuser gläubige Mos-

◀ *Das Rifgebirge in der Umgebung von Chechaouen ist bis zu den Kämmen entwaldet.*

▲ *Sieht man von der verschleierten Frau und dem Minarett am linken Bildrand ab, könnte das Foto ebensogut in einer andalusischen Stadt aufgenommen worden sein; es zeigt jedoch den Ort Chechaouen.*

lems, die beim Ruf des Muezzins ihren Gebetsteppich entrollen und sich nach Osten wenden. Bald darauf steigt Rauch aus den Schornsteinen und hüllt die Stadt in einen bläulichen Dunst: Die Einwohner von Fès bereiten ihr Abendessen zu.

Um diese Zeit sind die Straßen relativ leer, und die Gelegenheit, das Zentrum von Fès el Bali in Augenschein zu nehmen, ist günstig. Mitten in der Stadt liegen die Kleinode islamischer Kultur, die großen Moscheen und die Medresen. Fès ist eine Stadt, die man nicht mit dem Verstand, sondern mit dem Herzen kennenlernen, gewissermaßen erfühlen muß. Dazu eignet sich die Umgebung des anmutigen Nejjarinplatzes sehr gut, aber auch die überwölbten Gassen der Souks, das Mausoleum Moulay Idriss' II. oder vielleicht die Brücke Bein el Medoun, die „Brücke zwischen den beiden Städten", welche die ursprünglich von Flüchtlingen aus Andalusien bewohnte Stadt rechts des Oued Fès mit den Vierteln der Flüchtlinge aus Kairouan verbindet.

Im allgemeinen ist es Nichtmoslems untersagt, die Moscheen und andere religiöse Stätten zu betreten, vor allem am Freitag,

▲ *Nahe der Stadt Meknès liegt die Ruinenstätte von Volubilis, einst Residenz der römischen Prokuratoren (Blick durch das Tangertor auf die Hauptstraße und den zu Ehren Kaiser Caracallas errichteten Triumphbogen).*

dem „Sonntag" der Moslems. Man kann nur das Kommen und Gehen der Gläubigen beobachten und von außen ein paar Blicke in die Bauwerke werfen. Dafür wird in den Straßen den Fremden alltäglich ein außergewöhnliches Schauspiel geboten. Jeder kennt den anderen, man grüßt sich, tauscht den neuesten Klatsch aus. Eselkarawanen ziehen durch die Gassen; wenn ein Hindernis auftaucht, rufen die Treiber: *Balek!*, und die Karawane teilt sich, um sich gleich nach dem Hindernis wieder zusammenzuschließen.

Bei näherem Hinsehen weist das faszinierende Bild von Fès einige Risse auf. Ungezählte Läden und Werkstätten sind dringend renovierungsbedürftig, und von vielen Portalen und Fassaden bröckeln der Putz und die Keramikverkleidungen ab. Abgesehen von einigen hervorragend restaurierten Bauwerken, wie den schönsten Medresen der Meriniden (Bu' Inaniya, Medersa el Attarîn, es-Sahrij), ist der größte Teil der historischen Bauten vom Verfall bedroht. Die wachsende Belastung der Luft mit Schadstoffen hat das Problem in den letzten Jahren erheblich ver-

▶ *Ein Labyrinth von Gassen durchzieht das Häusermeer von Fès. Besucher des historischen Kerns der ältesten Königsstadt Marokkos, der verwinkelten Altstadt Fès el Bali, erwartet eine Welt des Mittelalters.*

▲ *Der malerische Nejjarinplatz liegt inmitten der Altstadt von Fès. An der Westseite des Platzes befindet sich eine alte Karawanserei mit reichverzierter Fassade, davor steht ein Brunnen mit fliesengeschmückter Rückwand.*

schärft. Bauwerke, die einmal für die Ewigkeit errichtet wurden, zerfallen jetzt in wenigen Jahrzehnten, weil die verwendeten Baumaterialien den aggressiven Schadstoffen heutiger Großstädte nicht gewachsen sind.

Dem Kern der marokkanischen Königsstadt droht noch von anderer Seite her Gefahr: Die Altstadtviertel verwandeln sich immer mehr in Elendsviertel für die ärmsten Bevölkerungsschichten, denn die wohlhabenden Bürger wandern nach Casablanca oder in die Villenviertel am Stadtrand ab, da die alten Häuser ihren Ansprüchen nicht mehr genügen. Obwohl sich Fès, im Lauf der Geschichte dreimal Hauptstadt des Königreichs, immer mehr zum Armenhaus der Nation zu entwikkeln scheint, wird es seine Rolle als traditionelles islamisches Zentrum nicht einbüßen. Mit nahezu leidenschaftlicher Zuneigung hängt die Bevölkerung des ganzen Landes an dieser Stadt, die man als die geistige und kulturelle Metropole Marokkos betrachtet.

▶ *Im Souk der Färber in Fès rinnt ständig Farbe über das ausgetretene Pflaster der Gassen.*

Meknès und der Mittlere Atlas

Auf Boulevards und Bergpfaden

In den mittleren Landesteilen Marokkos trifft man nur wenige Touristen an, einmal gibt es dort kaum Hotels, und zum anderen wird diese Region in Prospekten der Touristikbranche nur selten erwähnt. Dabei hat das Übergangsgebiet zwischen dem nördlichen, mediterranen, beinahe europäisch wirkenden und dem südlichen, wüstenhaften, afrikanischen Marokko durchaus Reizvolles für den Reisenden zu bieten.

Im äußersten Norden dieser Region, kaum südlicher als Rabat und Fès, liegt die am wenigsten bekannte und schlichteste der vier marokkanischen Königsstädte: Meknès. Wer in Meknès keinen längeren Aufenthalt einlegt, nimmt bloß Verkehrsstaus und eine überholt wirkende Stadtplanung als Erinnerung mit. Die ehemalige Residenz der Alouiten erscheint heute wie eine Provinzstadt, die um einen ländlichen Markt errichtet wurde und ihre Verkehrsprobleme nicht richtig in den Griff bekommt.

Dennoch träumte einmal ein Zeitgenosse Ludwigs XIV. davon, diesen Ort zur eleganten Hauptstadt seines Reiches zu machen. Sultan Moulay Ismail (1672–1727) war ein fanatischer, grausamer Herrscher, aber ein kunstsinniger Baumeister – machtbesessen und mit einem Hang zum Monumentalen. Er ließ überall im Land Befestigungen bauen, ein riesiges Stadtviertel aus der Merinidenzeit niederreißen, um eine Art marokkanischer Schloßanlage im Stil von Versailles zu errichten. Heute blüht auf dem für die *Ville Impériale* vorgesehenen Gelände der Baldrian. Hier und dort sind einige Realität gewordene Wunschträume erhalten geblieben, allerdings nur als Ruinen, so etwa der Empfangspavillon des Sultans für ausländische Gesandte. Bewundernswert ist die Gestaltung des Dar el-Ma, des Wasserhauses, das als Speicher für Nahrungsmittel diente

▶ *Die Gerber und Färber in der Medina von Fès stellen aus Ziegen- und Schafhäuten das buntgefärbte Maroquinleder her, aus dem dann Handwerker in den Souks Kissen, Taschen und Pantoffeln anfertigen.*

▲ *Fès: Bei schönem Wetter halten die Dozenten der Kairouanuniversität ihre Vorlesungen im Innenhof der Moschee ab. Sie lehren vor allem Theologie und islamisches Recht.*

und mit riesigen unterirdischen Zisternen ausgestattet war. In dem Gebäude herrschten sommers wie winters stets konstante Temperaturen.

Taza, unter den Almohaden zeitweise Hauptstadt Marokkos, liegt in einer Senke, dem natürlichen Durchgang zwischen dem Rifgebirge und dem Mittleren Atlas. Die Tazasenke war in der Geschichte des Landes ein häufig umkämpftes Gebiet. Die Almohaden erklärten das Berberdorf Mitte des 12. Jh. zur Stadt und errichteten zu ihrem Schutz eine Stadtmauer. Nachdem die Meriniden die Macht an sich gerissen hatten, bauten sie dort Bäder, Medresen und Moscheen. Der Alouit Moulay Ismail schließlich verwandelte Taza in eine Bastion, um einem Einfall der Türken aus Algerien vorzubeugen. Auch die Franzosen errichteten am Fuß der Medina von Taza militärische Einrichtungen, um den Mittleren Atlas und das Rifgebirge in ihre Gewalt zu bringen, was ihnen allerdings erst 1926 gelang. Die strategische Lage Tazas ist wirklich einzigartig: im Norden die schwer zugänglichen Gebirgsmassive des Rifs, im Süden der Djebel Tazzeka mit seinen dichten Macchien aus Kork- und Steineichen sowie anderen immergrünen Gehölzen, die man nur zu Fuß durchqueren kann.

Der Weg von Taza zum Talkessel von Jaffar bei Midelt ist mehr als 150 km lang, meist nur eine einfache Piste, die den Kämmen und Tälern des Mittleren Atlas folgt. Befestigte Straßen sind hier noch die Ausnahme. Das Hauptverkehrsmittel ist der Maulesel. Man begegnet Mauleselkarawanen, beladen mit Reisigbündeln – ein Bild wie vor 1000 Jahren. Wer sich als abenteuerlustiger Tourist hierherwagt, wird für die Strapazen der Reise durch die Gastfreundschaft der Bevölkerung entschädigt, die ihn mit saurer Milch und warmem Blätterteiggebäck bewirtet. Von Westen her führt eine gut ausgebaute Nationalstraße in diese abgelegene Gegend Marokkos. Ab und zu erblickt man an der Straße ein Ksar, ein befestigtes Dorf, das auf einem Bergsporn thront. Neben den alten Dörfern sieht man entlang der Route neuere Siedlungen, denn durch die Straße wurde auch diese Region als Absatzgebiet erschlossen. In den Orten Sefrou, Boumalne und Midelt versammeln sich an Markttagen die Bauern aus der Umgebung, um Ziegen oder Schafe zu kaufen oder zu verkaufen. Das geht nicht ohne langes Palaver ab. Man prüft die Tiere eingehend, hockt sich dann nieder und verhandelt über den Preis. Die Verhandlungen können sich über eine Woche hinziehen, denn sie sind für beide Parteien wichtig: Für den Käufer ist der Kauf eines Schafs oder einer Ziege eine bedeutende Investition, der Verkäufer ist seinerseits auf das Bargeld dringend angewiesen. In den Cafés dreht sich das Gespräch um andere Themen, obwohl man genau weiß, daß der Gesprächspartner nur an den Handel denkt.

Die Straßen im Mittleren Atlas sind oft über weite Strecken mit Schlaglöchern übersät oder wegen Instandsetzungsarbeiten jahrelang nicht passierbar. Auf den großen, mit Zedern bestandenen Hochflächen im Norden liegen die Wintersportzentren wie Djebel Hebri, wo sich die Jugend der Städte zum Skifahren trifft. Dazwischen sieht man an den Felshängen verlassene Dörfer. Manchmal führt die Straße an einem kleinen, von Schilf gesäumten See vorbei. Um die stillen Gewässer, über denen im Winter die Nebelschleier liegen, ranken sich viele Sagen. Die Berber kommen dorthin, um mit einem *Marabut*, einem moslemischen Ein-

▲ *Das Bab el Mansour el Aleuj ist das großartigste Tor des 25 km langen Mauerrings, der die marokkanische Königsstadt Meknès umgibt. Dieses Tor wurde unter Sultan Moulay Ismail begonnen und von seinem Sohn im Jahr 1732 vollendet.*

siedler, zu beten, der sich in die Einsamkeit des Gebirges zurückgezogen hat und als heiliger Mann verehrt wird. Die Hirten leben in Strohhütten, in einigen Orten hat man für Touristen einfache kleine Hotels errichtet.

Das Tal des Ziz, weiter im Süden, ist eine fruchtbare Oase. Wo es Wasser gibt, bietet die Natur schlagartig ein ganz anderes, viel grüneres Bild. Der Fluß schäumt am Grund tiefer Schluchten, an anderen Stellen, wie bei Hassan Addakhil, hat man ihn durch Staudämme gebändigt. An den Talhängen liegen verstreut einzelne Dörfer. Auf den flachen Dächern der Häuser picken die Hühner Körner, das Vieh lebt eingepfercht in den winzigen Höfen. Die Felder an den Hängen sind kaum größer als die Gärten am Stadtrand, die Bodenkrume wird immer dünner, und die Lesesteine türmen sich an den Rändern der Felder zu großen Haufen auf. Man baut hier vor allem Getreide an, das als Brotgetreide und Futter für das Vieh dient.

Die nächste größere Stadt am Weg ist Ksar-es-Souk, eine Garnisonstadt, die keinerlei Sehenswürdigkeiten bietet. Sie wurde erst vor einigen Jahren vom Marktflecken

◄ *Zum Schutz vor der Sonne sind die Gassen der Souks in Fès mit Rohrmatten überdacht.*

zur Stadt erhoben. Wie der Name Souk verrät, ist Ksar-es-Souk in erster Linie ein Marktort, in dem die Bauern der Umgebung ihre Erzeugnisse verkaufen und Einkäufe für ihre Familien tätigen. Hinter Ksar-es-Souk wandelt sich das Landschaftsbild, hier ist der Übergangssaum von der südmediterranen Steppenregion zur Wüstenlandschaft der nördlichen Sahara. Eine andere Welt kündigt sich an: der „Große Süden".

Die marokkanische Meseta

Zwischen Atlas und Atlantik

Die letzten westlichen Ausläufer des Mittleren Atlas sind Weideland, wo im Frühjahr, wenn der Schnee geschmolzen ist, die Hirten mit ihren Schaf- und Ziegenherden umherziehen. Im Herbst steigen sie dann wieder ins Tiefland, um die kalte Jahreszeit in den Steppen und auf den abgeernteten Feldern der Meseta zu verbringen. Die marokkani-

▲ *Weiß und Blau, die vorherrschenden Farben in der Altstadt von Meknès, vermitteln das Gefühl von Kühle und Frische.*

sche Meseta umfaßt die gesamte Region zwischen dem Rifgebirge, dem Mittleren Atlas, dem Hohen Atlas und dem Atlantischen Ozean. Die Anwesenheit der Wanderhirten erkennt man an ihren braunen Zelten, deren Firststangen bunte Bänder aus einem Gemisch von Schaf- und Ziegenwolle zieren. Aus der Zahl der Bänder kann man auf das Ansehen und den Wohlstand der Familie in dem betreffenden Zelt schließen. Die Zelte sind praktische Behausungen, die auf dem Rücken von Mauleseln von einem Ort zum andern transportiert und bei Bedarf vergrößert oder verkleinert werden können. Alles, was mit den Zelten zu tun hat, ist Sache der Frauen. Sie errichten die Zelte, bauen sie wieder ab und statten sie mit bunten Teppichen, Matten aus Espartogras und Kissen aus. Während sich die Männer um die Herden kümmern, erledigen Ehefrauen, Töchter und Großmütter die Hausarbeit, holen oft von weit her Wasser und Brennholz und schüren das Feuer, dessen Rauch aus den Zelten aufsteigt und angeblich das Zelttuch konservieren soll.

Viele Wanderhirten am Nordrand der Sahara blicken einer düsteren Zukunft entgegen. Starken politischen und ökonomischen Zwängen ausgesetzt, sind zahlreiche Nomaden heute von Mittellosigkeit bedroht und führen ein Dasein am Rand der Existenz. Ihre vielgerühmte Gastfreundschaft gehört deshalb weitgehend der Vergangenheit an.

Schmale Straßen schlängeln sich von den Hochflächen ins Tiefland hinab. Auf der Meseta zwischen dem Gebirge und dem Ozean werden in einigen Gegenden auf bewässerten Feldern Zuckerrüben, Baumwolle und Getreide angebaut, z. B. bei Tadla. Bewässerungskulturen bilden allerdings gegenüber den weiten, ausschließlich im Regenfeldbau genutzten Flächen die Ausnahme. Bei der Entwicklung der Landwirtschaft spielten die *Colons*, die französischen Kolonisten, eine entscheidende Rolle. Ihre Herrenhäuser mit Parks und Alleen sind auch heute noch unübersehbar. Sie bewirtschafteten in Marokko mehr als 1 Mio. ha Land, meist in den vom Boden und Klima begünstigten Ebenen und Tälern, während die einheimischen Bauern in die Berge abgedrängt wurden. Da die Kolonisten in den Gebirgsvorländern immer größere Areale unter den Pflug nahmen, verloren die Wanderhirten dort mehr und mehr ihre Winterweiden. Das verbliebene Weideland wurde daher überweidet, das Vieh zerstörte die Pflanzendecke, und die Bodenerosion setzte ein. Die Landschaftsschäden, vor allem in den Gebirgen, sind zum großen Teil die Folgen der Agrarkolonisation. Auf der anderen Seite profitiert Marokko noch heute vom Ausbau der Landwirtschaft während der französischen Protektoratszeit. Die Kolonisten produzierten für den Weltmarkt, die traditionelle Landwirtschaft Marokkos dagegen war und ist zum Teil heute noch darauf ausgerichtet, nur den eigenen Bedarf zu decken, brachte dem Land also keine Deviseneinnahmen. Wenn das Königreich heute auf den europäischen Märkten Orangen, Frühgemüse und Wein absetzt, so verdankt es diese Exporterfolge letztlich den Colons, die sich im übrigen auch beim Ausbau der Bewässerungslandwirtschaft Verdienste erwarben.

Landschaftlich ist die Meseta nicht besonders reizvoll. Auch die Kulturdenkmäler sind hier dünner gesät als z. B. im Norden. Eine der wenigen Sehenswürdigkeiten, die Kasba von Boulaouane, liegt am Weg von Fès nach Marrakesch. Sultan Moulay Ismail ließ die Zitadelle 1710 erbauen. Nach der Legende schenkte man dem Sultan bei einem Besuch der Kasba ein außergewöhnlich hübsches Mädchen für seinen mit 500 Frauen ohnehin nicht zu knapp bemessenen Harem. Er war von dem Mädchen so angetan, daß er es auf den höchsten Turm der

▶ *Blick auf eine Kasba im Hohen Atlas, nahe der Stadt Quarzazate. Am Fuß ausgedörrter, vegetationsarmer Berghänge liegen üppige Gärten und sorgfältig bestellte Felder.*

Festung führte und seiner Auserwählten alles Land zum Geschenk machte, das diese von dort aus überblicken konnte.

Die Atlantikküste

Von Töpfern und Piraten

Rund 50 km nordwestlich von Boulaouane brechen sich die Wellen des Atlantischen Ozeans an der Küste. Auf einem ockerfarbenen Kliff thront Azemmour, eine der wenigen Städte Marokkos, in der die Franzosen während der Kolonialzeit nicht ihre eigenen Stadtviertel errichteten. Azemmour entspricht daher vielleicht noch am besten dem Bild einer natürlich gewachsenen marokkanischen Stadt. Ein paar Kilometer weiter westlich liegt El Jadida, das frühere Mazzagan. Der beliebte Badeort wurde von den Portugiesen an der Stelle einer phönizischen Handelsstation gegründet, später zur Festung ausgebaut und im 19. Jh. von den Franzosen erweitert. Von der Bastion de l'Ange an der Stadtmauer hat man einen ausgezeichneten Überblick über die Stadt. Sehenswert ist die gut erhaltene „Portugiesenstadt" mit den Festungsanlagen und einer Zisterne.

Nach Süden hin wechseln an der Küste Sandstrände mit Lagunen. Außer Oualidia, ehemals Sommersitz König Mohammeds V., gibt es an diesem Küstenstrich kein größeres Seebad; die wenigen Urlauber verlieren sich an den weiten Stränden. Dann folgt Safi, einer der bedeutendsten Seehäfen Marokkos, Heimathafen vieler Fischkutter und Exporthafen für Phosphate. Der von den Portugiesen Ende des 15. Jh. gegründete Ort ist als Stadt der Töpfer bekannt. In den Werkstätten auf dem Hügel am Stadtrand kann man die Töpfer bei der Arbeit beobachten. Die weiße oder schwarze Keramik wird mit schlichten Ornamenten geschmückt. Als Gebrauchsgegenstände haben die Töpferwaren aus Safi heute kaum noch Bedeutung, denn auch in Marokko ist das Plastikzeitalter angebrochen, aber es sind hübsche Souvenirs.

Für einen Badeurlaub ist Essaouira, das frühere Mogador, besonders zu empfehlen. Auf dem Gebiet des Kunsthandwerks ist es für seine Intarsienarbeiten bekannt. Die mächtigen Stadtbefestigungen erinnern noch daran, daß Essaouira im 17./18. Jh. ein Stützpunkt der Seeräuber war. Bemerkenswert ist die von einem französischen Architekten geplante Medina der Stadt, die regelmäßig und mit rechtwinkligem Straßennetz angelegt ist.

◀ *Nomadenlager im Mittleren Atlas. Die Wanderhirten leben in Zelten aus gegerbten Schaf- oder Ziegenhäuten; neben ihren Zelten befindet sich meist der mit Dorngestrüpp umgebene Kral für das Vieh.*

▲ *Ehemals berüchtigte Piraten, verdienen die Seeleute von Essaouira, dem früheren Mogador, ihren Lebensunterhalt heute als Fischer.*

Der Hohe Atlas

Ein Gebirge am Rand der Wüste

Südlich von Essaouira reichen Gebirgsketten bis an die Küste heran. Es sind Ausläufer des Hohen Atlas, der sich vom Kap Rhir mit Gipfelhöhen von mehr als 4000 m durch den Süden des Königreichs erstreckt. Als Standort für Ausflüge in das höchste Gebirge Marokkos und ganz Nordafrikas bietet sich Marrakesch an, das 60 km vom Fuß des Hohen Atlas entfernt liegt. Von der alten Berber- und Königsstadt kann man mit dem Linienbus oder einem Sammeltaxi fast alle größeren Orte im Gebirge erreichen. Schon die Fahrt, der buchstäblich hautnahe Kontakt mit der einheimischen Bevölkerung in den meist überfüllten Bussen, ist ein Erlebnis. Die Frauen, die schwer beladen vom Einkauf in der Stadt zurückkehren, ziehen wieder sittsam den Schleier bis unter die Augen. Sie öffnen die Geldbörsen und zählen die *Dirhams*, die übriggeblieben sind. Neugierig versuchen sie einen Blick auf das zu werfen, was die Nachbarin in ihrem Einkaufsbeutel nach Hause trägt.

▶ *Nachdem die Marokkaner im Jahr 1769 in das portugiesische Fort Mazagan, heute El Jadida, eingedrungen waren, erfolgte eine gewaltige Explosion, die mehrere tausend Angreifer das Leben kostete. Die Portugiesen hatten die Festung gesprengt.*

▲ *Terrassenkulturen im Hohen Atlas, von einem auf einem Bergsporn thronenden Ksar bewacht; viele dieser alten, befestigten Dörfer sind heute verlassen.*

Wenn die Sonne untergeht, wird der Bus auf einem Dorfplatz geparkt. Man muß sich eine Unterkunft für die Nacht suchen. Natürlich gibt es in den entlegenen Bergdörfern kein Hotel, noch nicht einmal ein Restaurant. Nur ein paar Läden und ein obskures Café. Der Fremde wird auf der Suche nach einer Bleibe von Kinderscharen begleitet, die kichernd und kreischend um ihn herumwirbeln. Männer kommen aus den Häusern, sagen ein paar kurze Worte, und die Knirpse verschwinden hinter der nächsten Hausecke. Das Haus des Ortsvorstehers liegt am Ende einer staubigen Sackgasse. Der Gast wird freundlich begrüßt, durch einen Hof über eine steile Treppe in ein Zimmer geführt, in dem eine Frau schon eine Decke ausbreitet. Ein junges Mädchen bringt eine Schüssel Wasser, Seife und ein Handtuch, während der Hausherr das Feuer unter dem kupfernen Wasserkessel anfacht. Er spült die Gläser aus, stellt sie vorsichtig auf ein Tablett, zerkleinert den in blaues Papier gewickelten Zuckerhut mit einem kurzen Schlag, nimmt einige Pfefferminzblätter aus einer Dose, zerschneidet sie der Länge nach und gibt sie zusammen mit einer Prise schwarzem Tee in die Teekanne. Wenn das Wasser im Kessel zu singen beginnt, gießt er es in die Kanne und verschließt sie wieder mit dem Deckel. Nach ein paar Minuten nimmt der Hausherr die Teekanne, hält sie hoch über die Gläser und füllt sie mit einer eleganten Jo-Jo-Bewegung, ohne daß ein Tropfen danebengeht. Die Ausstattung des Raums ist spärlich. An den weißen Zimmerwänden hängen eine Ansichtskarte vom Eiffelturm, eine elektrische Lampe sowie Porträts von Mohammed V. und Hassan II. Die Frauen bereiten das Abendessen unten im Hof zu: Gerstensuppe, Kuskus und – um den Gast zu ehren – einige stark gepfefferte Fleischstücke.

In den Bergdörfern des Hohen Atlas leben Menschen und Tiere gewissermaßen im gleichen Rhythmus. Über schmale Pfade, die oft zwischen Himmel und Erde zu schweben scheinen, erreicht man die Felder der Bergbauern. Sie werden mit großer Sorgfalt wie Gärten bearbeitet. Das ganze Vermögen dieser Bergbewohner besteht meist nur aus zwei oder drei Stückchen Land, einem Dutzend Nußbäumen, einigen Ziegen und dem unentbehrlichen Esel.

Als Wandergebiet ist der zentrale Hohe Atlas noch unerschlossen. Es gibt dort aber viele herrliche Gegenden, die man durchwandern kann, z. B. das Tal der Ait Bouguemès südlich von Beni Mellal, in dem riesige Felsen die Felder und Weiden im Talgrund überragen. Die Gipfel, die das Tal umrah-

▲ *Junge Berberfrau mit Silberschmuck aus der südmarokkanischen Stadt Ouarzazate*

▲ *Die Ortschaften im Hohen Atlas (hier ein Dorf bei Imilchil) bestehen meist aus Lehmbauten. Die spärlich mit gitterförmigem Mauerwerk verzierten Häuser besitzen wegen der starken Sonneneinstrahlung nur wenige Fenster.*

men, sind bis 4000 m hoch. Auf den Bergkuppen über dem Fluß reihen sich Kasbas aneinander, die dazugehörigen Gärten gehen in Terrassenfelder und Pappelkulturen am Flußufer über. Manchmal haben Touristen das Glück, an einem Fest teilnehmen zu können, das von den Berbern des Hohen Atlas veranstaltet wird. Die Frauen legen dann ihren schönsten Schmuck an, stellen sich in einer Reihe auf oder bilden Paare hinter den Männern, die mit dem Tamburin den Rhythmus bestimmen. An solch einem spontanen Fest nehmen alle Dorfbewohner teil, und auch Fremde werden herzlich zu den Tänzen eingeladen.

In der Folklore und den Gebräuchen der Berber im Hohen Atlas ist vieles aus der Zeit vor der Islamisierung erhalten geblieben. Innerhalb ihrer traditionellen Gesellschaftsordnung, die sich erst in der Kolonialzeit etwas gelockert hat, steht die Großfamilie mit ihrem Kinderreichtum noch immer im Mittelpunkt. Die Lehre des Propheten wird von den Berbern in mancher Hinsicht anders ausgelegt als von ihren arabischen Glaubensbrüdern. Islamische Sekten und Marabuts spielen bei ihnen eine große Rolle.

▲ *Am Stadtrand von Marrakesch liegen die berühmten Menaragärten, eine 1200 mal 800 m große Anlage, zu der auch ein Wasserbecken und ein Lustpavillon gehören; im Hintergrund die verschneiten Gipfel des Hohen Atlas.*

Marrakesch

Ein orientalischer Traum

Das größte Fest Südmarokkos findet an jedem Spätnachmittag in Marrakesch auf dem weiten Platz Djemaa el-Fna im Kern der Medina statt, ein erstaunliches Schauspiel, bei dem sich die Menschen um Märchenerzähler, Schlangenbeschwörer, Tänzer und Sänger scharen. Ein alter Mann, dessen Haut von der Sonne ausgetrocknet scheint, erzählt die Legende vom Sonnenstrahl, der sich in Gold verwandelte, oder die Geschichte vom Propheten Mohammed, der einmal von einer Giftschlange gebissen wurde, das Gift aus den Adern saugte und ausspuckte, worauf an dieser Stelle eine Tabakpflanze wuchs. Seine auf dem Erdboden hockende Zuhörerschaft, Kinder und Männer zwischen acht und achtundachtzig, lauschen gebannt seinen Worten. Daneben erläutert ein Medizinstudent auf einer anatomischen Tafel die verschiedenen Organe des menschlichen Körpers. Ein Schlangenbeschwörer hypnotisiert einen Jungen und läßt ihm das Reptil unters Hemd kriechen. Unter dem lauten Applaus begeisterter Zuschauer zeigen die Springer von Amizmiz ihre gefährlichen Darbietungen. Kleine Kinder strecken den Fremden als professionelle Bettler ihre Armstümpfe entgegen, Frauen mit einem Kropf fragen nach Geld, ein Mann ohne Beine bewegt sich auf Krücken über den Platz, während die Wasserverkäufer, die nur noch für die Touristen da sind, ihre Glöckchen erklingen lassen und für ein Trinkgeld vor den Fotokameras posieren. Aus den Zelten, in denen die Menschenmenge vor den Holzkohleöfen zu Abend ißt, duftet es intensiv nach Gewürzen. Wer noch nie in einem armen Land der dritten Welt gewesen ist, wird durch einen solchen Abend auf dem Platz Djemaa el-Fna schockiert werden: Erschütterndes Elend und kindliche Fröhlichkeit treffen hier unmittelbar und mit der größten Selbstverständlichkeit aufeinander.

Die Souks im Umkreis des Platzes verfügen über das größte Warenangebot in Marokko. Wenn man sich etwas Zeit läßt und in den zahllosen Läden stöbert, kann man dort fast alles finden, was das Herz begehrt, und dazu noch sehr günstig einkaufen: *Djellabas* (Kapuzenmäntel), Spiegel mit ziseliertem Kupferrahmen, Dolche in kunstvoll gearbeiteten Scheiden, Pfeifen, Stickereien, Teller, Decken mit farbenfrohen Streifenmustern, Teppiche, Schmuck. Mit den Händlern muß man höflich, aber bestimmt um den Preis feilschen, sich Zeit dafür nehmen, weggehen, wieder zurückkommen und wissen, wann der Moment gekommen ist, wo der Händler nachgibt. Nahezu alle Sparten des Handwerks sind in den Souks von Marrakesch vertreten: Schlosser, Schmiede, Weber, Gerber, Schneider und Schuhmacher fertigen ihre Waren in den Hinterzimmern ihrer winzigen

◀ *Der rund 12 km lange und über 800 Jahre alte Mauerring von Marrakesch wurde aus gestampftem Lehm errichtet. Er entging der Zerstörung der Stadt durch die Almohaden.*

▶ *Marrakesch: Das Minarett der Kutubijjamoschee, gegen Ende des 12. Jh. vollendet, war mit seinem reichen Fassadenschmuck Vorbild für viele andere Minarette. Es wird von drei Kugeln aus vergoldetem Kupfer gekrönt.*

▲ *Der Platz Djemaa el-Fna im Kern der Altstadt von Marrakesch ist vormittags ein belebter Marktplatz, der sich spätnachmittags in eine Freilichtbühne für Schlangenbeschwörer, Feuerschlucker, Tänzer, Musikanten und Akrobaten verwandelt.*

Läden. Die Färber hängen die bunten Wollgirlanden malerisch zum Trocknen unter den Rohrmatten auf, die Schatten spenden.

Die Medina von Marrakesch, die größte Nordafrikas, beherbergte zu Beginn dieses Jahrhunderts rund 80 000 Einwohner. Heute drängen sich in ihr weit über 250 000 Menschen. Allerdings haben in den vergangenen Jahren ähnlich wie in Fès viele wohlhabende Familien der Altstadt den Rücken gekehrt und sich in der *Ville Nouvelle* der Kolonialzeit niedergelassen, die von den Franzosen nach der Unabhängigkeit geräumt wurde. In die frei gewordenen Wohnungen der Medina zogen danach arme Leute ein. Allein die *Fonduks*, die alten Rasthäuser, mußten mehrere zehntausend arbeits- und mittellose Menschen aufnehmen. Diese Überbevölkerung erzeugt eine Menge Probleme, vor allem in hygienischer Hinsicht. Den meisten Bewohnern der Altstadt fehlt das Geld, um ihre Häuser instand zu halten, und so verfallen sie immer mehr. Der Bevölkerungsdruck und die Armut hinterlassen auch in den Palmenhainen am Stadtrand häßliche Spuren. Dort werden die Palmen abgehackt, um Brennholz zu bekommen. Trotz dieser negativen Aspekte ist und bleibt Marrakesch eine der faszinierendsten Städte Marokkos, nicht zuletzt wegen seiner herrlichen Lage am Fuß der verschneiten Gipfel des Hohen Atlas.

Von den vielen sehenswerten Baudenkmälern der Königsstadt kann nur eine kleine Auswahl genannt werden: das phantastische Minarett der Kutubijjamoschee, Wahrzeichen der Stadt, die Saaditengräber, vor allem das des Sultans Ahmed el Mansur mit dem berühmten Saal der Zwölf Säulen, die Überreste des Palastes Dar el Badi, der eine Augenweide gewesen sein muß, als die Mosaiken, Skulpturen und Fayencen noch erhalten waren, und schließlich die etwa 12 km lange Stadtmauer, die von den Almoraviden errichtet wurde und die die Medina umschließt. Viele Bauwerke haben Zwillingsgeschwister diesseits der Straße von Gibraltar. Das Minarett der Kutubijjamoschee findet beispielsweise sein Gegenstück in der Giralda, dem Minarett der zerstörten Hauptmoschee und heutigen Wahrzeichen von Sevilla.

▶ *Auf dem Platz Djemaa el-Fna trifft man auch die berühmten Wasserverkäufer.*

▲ *Bei hohem Wasserstand ist der Dra ein stattlicher Fluß, der die Dattelpalmenoasen zwischen dem Atlas und dem Atlantik mit Wasser versorgt. Oft trocknet er jedoch bis auf ein paar Rinnsale aus.*

Die Straße der Kasbas

Von Marrakesch nach Ouarzazate

Die berühmte *Route des Kasbahs*, die Straße der Kasbas, verbindet Marrakesch mit Ouarzazate am Fuß des Djebel Saghro. Sie führt zunächst durch die Terrassenkulturen im Gebirgsvorland, vorbei an blühenden Oleanderbüschen und Feigenkakteen. Immer wieder begegnet man Bauern, die, in Djellabas gehüllt, auf ihren Eseln zur Stadt reiten. Die Frauen tragen buntgestreifte Kleider, ihr Haar in strengen Knoten zusammengefaßt. Dann tauchen die ersten Nadelwälder des Atlas auf, ebenso die ersten Gebirgsdörfer mit ihren würfelförmigen, aus Lehm errichteten Häusern. Über den ineinander verschachtelten Häusern ragen gemeinschaftliche Kornspeicher auf. Am Tizi n'Tichka, einem 2260 m hohen Paß, verkaufen junge Burschen Amethystkristalle, die sie im Gebirge gesammelt haben. Die Mineralien glänzen in einem schönen Grünton, der die Touristen zum Kauf verführen soll. Diese wissen allerdings nicht, daß die Kristalle von den geschäftstüchtigen Jungen in Quecksilberchromat getaucht wurden, um ihnen den grünen Farbton zu verleihen.

Hinter dem Paß findet man sich plötzlich in einer ausgedörrten, schon fast wüstenhaft anmutenden Landschaft wieder. Ouarzazate bietet keine besonderen Sehenswürdigkeiten, außer der Kasba Taourirt, der ehemaligen Residenz des Thami el Glaoui, des letzten Paschas von Marrakesch und bedeutendsten Politikers während der Zeit des französischen Protektorats. Dafür gibt es in der Umgebung der Handelsstadt Ouarzazate um so mehr zu sehen, z. B. das malerisch über dem Ufer des Asif Mellah gelegene, stark befestigte Dorf Ait Benhaddou.

In Ouarzazate gabelt sich die Straße der Kasbas in zwei Routen, von denen eine durch das Dratal nach Zagora, die andere durch die Schluchten des Dades zur Oasenstadt Erfoud führt. Die Straße nach Zagora windet sich über die westlichen Ausläufer des Djebel Saghro bis auf 1600 m hinauf und führt dann ebenso steil nach Agdz, einem hübschen Marktflecken, hinunter. Je weiter man nach Süden kommt, um so flacher wird die Landschaft, schließlich ist sie vollkommen plan. In der Ebene verstreut liegen kleine Oasen.

Während die Bewohner des Dratals in geschlossenen Dörfern leben, prägen im Tal des Dades Einzelhöfe das Bild der Kulturlandschaft. Die ländliche Architektur ist hier wie dort schlicht und vornehm, bei den Häusern am Dades sind jedoch die Friese sowie die Fensterbogen und andere schmückende Elemente sehr viel sorgfältiger ausgearbeitet. Vor allem oberhalb von Kelaa Mgouna findet man in den rosaroten Oasendörfern wahre Juwelen berberischer Architektur.

Nach Boumalne ändert sich das Landschaftsbild erneut. Man kann der Piste folgen, die an den Hängen der Berge entlangführt und immer wieder schöne Ausblicke

▶ *Die rosafarbenen Kasbas im Tal des Oued Dades gehören zu den schönsten in Marokko. Leider verwittern die Lehmbauten in dem Halbwüstenklima schon nach wenigen Jahrzehnten.*

▲ *Die Todhra hat sich tief in die Plateaus des Hohen Atlas und des Djebel Saghro eingekerbt. An manchen Stellen sind die Schluchten so schmal, daß der Pfad im Flußbett verläuft.*

auf die mausgrauen Ksars und die sattgrünen Dattelpalmenoasen am Fluß bietet. Der Dades strömt tief unten im Schatten einer gewaltigen Schlucht. Ab und zu begegnet man einer dunkelhäutigen Frau, die, in Lumpen gekleidet, eine schwere Last Brennholz nach Hause trägt. Stundenlang windet sich der Weg über die kahlen Berghänge, die in der Mittagshitze flimmern. Dann geht es steil abwärts in die Schluchten der Todhra, einen 300 m tiefen Einschnitt, wo der Weg unter rötlichen, fast senkrechten Felswänden mal am linken und mal am rechten Ufer des Flusses verläuft.

Allmählich wird das Tal wieder breiter, und plötzlich taucht das Ksar Tinerhir mit seinen schön angeordneten Häusern in einem dunkelgrünen Dattelpalmenhain am Talgrund auf. Von Tinerhir nach Erfoud und Rissani quert die Straße das Tafilalet, eine Kette von Oasen, die dem Oued Ziz und dem Oued Rheris folgt.

Das Tafilalet ist seit dem späten Mittelalter Stammsitz der Alawiten, derjenigen Dynastie, die im 17. Jh. an die Macht kam und bis zum heutigen Tag in Marokko herrscht. Der Urahn dieses Herrschergeschlechts ist in einer Grabmoschee bei Rissani, dem traditionellen Zentrum der Oasenregion, beigesetzt.

Der Antiatlas

Karge Hochflächen und fruchtbare Täler

Zwischen dem Tafilalet und der Atlantikküste erstreckt sich der Antiatlas, der im 2531 m hohen Adrar n'Aklim gipfelt. Auch wenn man es beim Anblick der kahlen Hochflächen vielleicht nicht für möglich hält: Im Antiatlas leben Menschen. Abseits der großen Durchgangsstraßen kann man stundenlang über Pisten fahren, ohne einer Menschenseele zu begegnen. Nur die Fahrspuren zeigen, daß die Pisten hin und wieder benutzt werden. Wohin führen sie? Bis zum Horizont ist keine einzige Siedlung zu erkennen, kein Baum, noch nicht einmal ein Vogel. Und plötzlich steht man vor einer Mauer aus schwarzen Steinen, die eine Fläche von ein paar hundert Quadratmetern umgibt: ein Dorf. Die Menschen, die hier leben, gehören zu den Schluh (Chleuch), den Nachfahren der ältesten marokkanischen Berbergruppe. Sie wohnen in Höhlenwohnungen, die peinlich sauber gehalten werden. Die meisten Männer arbeiten in den Städten oder sind als Gastarbeiter nach Europa gegangen. Einmal im Jahr oder alle zwei Jahre kommen sie heim, bekleidet mit Jeans, Lederstiefeln und Sonnenbrillen. Für einige Wochen fügen sie

▲ *Erfoud, Hauptort der Landschaft Tafilalet, liegt in einer ausgedehnten Palmenoase. Hier findet jedes Jahr im Oktober ein großes Dattelfest statt.*

sich dem jahrhundertealten Lebensrhythmus des Dorfes. Fast alles, was die Menschen zum Leben brauchen, wird im Dorf selbst hergestellt: vom Mehl über die Kleidung bis hin zu gewebten Wolldecken. Hat man das Dorf passiert, ist man wieder allein auf den Hochflächen, bloß einige Ziegen und Schafe leisten dem Reisenden Gesellschaft.

In einer solchen Einöde wirkt eine Stadt wie Taroudannt wie eine Fata Morgana. Die hübsche Stadt mit ihren mehr als 8 km lan-

▲ *Das kleine Bergdorf Adai im Hohen Atlas scheint von gewaltigen Granitblöcken förmlich erdrückt zu werden.*

gen, zinnenbewehrten Stadtmauern ist jedoch Realität. Sie war von 1520 bis 1540 erste Hauptstadt der Saaditen und ist ein altes Zentrum am Lauf des Souss. Knapp 100 km südlich von Taroudannt liegt der Ort, der in den Reiseführern als die „Perle des Antiatlas" gepriesen wird: Tafraout. Tatsächlich kann sich niemand dem Reiz dieses Berberdorfs mit seinen rosa- und ockerfarbenen Häusern und Kasbas entziehen, ist es doch in eine grandiose Gebirgslandschaft mit bizarren Granitfelsen eingebettet. Im Januar und Februar, wenn die Mandelbäume blühen, gleicht das Tal von Tafraout einem sorgfältig nach Farben zusammengestellten Blumenstrauß.

Das kleine Tal der Ammeln, eine steile Schlucht mit zahlreichen Befestigungen, übertrifft Tafraout vielleicht noch an Schönheit. Es gibt in ihm kaum Wasser, und wo eine Quelle austritt, haben sich die Ammeln angesiedelt. Wie Schwalbennester kleben ihre Dörfer an den steilen Hängen. Wahrscheinlich ließ die karge Umgebung die Ammeln so fleißig und geschickt werden. Sie gelten als tüchtige Kaufleute und erwerben vor allem als Gemischtwarenhändler in den Städten oder als Gastarbeiter in Europa oft ein kleines Vermögen. Später kehren sie dann aber fast ausnahmslos in ihr malerisches Tal zurück.

▲ *Der Markt von Goulimine war jahrhundertelang ein beliebter Treffpunkt der „Blauen Männer der Wüste". Heute trifft man dort fast nur noch seßhafte Oasenbauern an, die sich aber häufig noch wie Nomaden kleiden.*

Taroudannt und Tafraout gehören zu den beliebtesten Ausflugszielen im weiteren Umkreis von Agadir. Das bedeutendste Seebad Marokkos, wie viele Orte an der Atlantikküste eine portugiesische Gründung, lockt die Urlauber mit kilometerlangen, feinsandigen Stränden. Seit dem heftigen Erdbeben in der Nacht vom 29. Februar zum 1. März 1960, das die Stadt fast völlig zerstörte und 15 000 Menschen unter den Trümmern begrub, ist Agadir wieder neu entstanden. Man hat es außerhalb der durch Erdbeben am stärksten gefährdeten Zone wieder aufgebaut. Leider unterlassen es viele europäische Urlauber, die mehrere Wochen an den Stränden Agadirs verbringen, einen Ausflug ins überaus reizvolle Hinterland zu unternehmen. Sie versäumen die Begegnung mit einer faszinierenden Landschaft.

▶ *In Tan-Tan, im Südwesten des Königreichs, kommen jedes Jahr die Kameltreiber aus weitem Umkreis zusammen, um das berühmte Kamelrennen auszutragen.*

▶ ▶ *Die ocker- und rosafarbenen Häuser von Tafraout mit ihren typischen, von weißen Kalkstreifen umrahmten Fenstern und Türen kleben wie Schwalbennester an Granithängen.*

▲ *Noch durchqueren Kamelkarawanen die endlosen Wüstenebenen Mauretaniens, doch dieses Bild wird wohl schon bald der Vergangenheit angehören, da sich die Tiere nur noch in entlegenen Gebieten gegen die Konkurrenz der Lastwagen behaupten können.*

Mauretanien

Ein riesiges, nahezu menschenleeres Land, das zu zwei Dritteln aus Wüsten und Halbwüsten besteht. Wie alle Länder der Sahelzone litt Mauretanien in den letzten Jahrzehnten unter verheerenden Dürreperioden.

Vom Flugzeug aus betrachtet, zeigt sich die Islamische Republik als ein eintöniges Tafel- und Hügelland, das im Westen an den Atlantischen Ozean grenzt. Nur an wenigen Stellen, vor allem im Zentrum, erheben sich kahle Gebirge wie Inseln aus dem Tiefland. Im äußersten Süden, der klimatisch bereits zur tropischen Sommerregenzone gehört, reichen die Niederschläge für eine geschlossene Pflanzendecke mit Kräutern, Gräsern und einzelnen Gehölzen aus; die übrigen Landesteile sind von der Sonne und vom Wind ausgedörrt. Bis auf den Grenzfluß Senegal im Süden gibt es im ganzen Land keinen dauernd Wasser führenden Fluß und nur einen einzigen Süßwassersee. Die Wadis, ausgetrocknete Flußbetten, führen nur nach ergiebigen Niederschlägen Wasser. Dann keimen auch die Samen im durchfeuchteten Boden, und die Wüste verwandelt sich für einige Wochen in einen üppigen Blumengarten.

In Mauretanien, das etwa die dreifache Fläche der Bundesrepublik Deutschland umfaßt, leben gegenwärtig weniger als 2 Mio. Menschen, vorwiegend im klimatisch begünstigten Südwesten. Obwohl Mauretanien von der Wüste und vom Atlantischen Ozean halbkreisförmig umschlossen wird, die Natur dem Land also gewissermaßen eine „Außenseiterrolle" zugewiesen hat, bildet es eine Brücke zwischen Nordafrika und Schwarzafrika, oder, wie es ein mauretanischer Präsident einmal anschaulich umschrieben hat, es ist der „Bindestrich zwischen Weiß- und Schwarzafrika".

Die Mauren

Der Mensch im Kampf mit der Natur

Die Mauren erkennt man nicht an ihrer Hautfarbe. Als Nachfahren nomadischer Stämme, die sich seit Jahrhunderten miteinander vermischt haben, können sie ebensogut den hellen Teint und die blauen Augen mancher Berberstämme oder das krause Haar und die dunkle Haut der Schwarzafrikaner haben. Der arabisierte Mauretanier heißt auf Hassania, dem arabisch-berberischen Dialekt, *Bidan*.

Um in der lebensfeindlichen Umwelt der Wüste überleben zu können, haben es die Mauren gelernt, sich der kargen Natur anzupassen. Traditionell leben sie vom Kleinhandel und von der Tierzucht, vor allem von Dromedaren, Ziegen und Schafen, und ziehen durch die südsaharische Sahelzone, den harten Bedingungen des Klimas auf Gedeih und Verderb ausgeliefert. Im allgemeinen halten sie sich im Winter, während der Trockenzeit, im Süden auf und ziehen in der sommerlichen Regenzeit wieder nach Norden. Auf ihren Wanderungen ernähren sie sich fast ausschließlich von Datteln, Hirse und der Milch ihres Viehs. Nur bei besonderen Gelegenheiten, religiösen Festen oder Hochzeiten verzehren sie auch Fleisch. Neben Wasser ist das hauptsächliche Getränk der Nomaden süßer Pfefferminztee, der durch seinen hohen Zuckergehalt die Wasseraufnahme im Körper unterstützt.

Diese asketische Lebensweise, welche die Nomaden bis heute mehr oder weniger unverändert beibehalten haben und auf die sie sehr stolz sind, hat sie zu einem harten, genügsamen Menschenschlag geformt. Die Männer mit ihren von Sonne und Wind gegerbten Gesichtern sind meist groß und hager, die Frauen dagegen mollig und manchmal sogar ausgesprochen dick. Heute hat sich das althergebrachte weibliche Schönheitsideal der Mauren zumindest bei den Städterinnen durch westliche Einflüsse teilweise gewandelt, ebenso wie die traditionelle Kleidung, die bei den Männern aus dem blauen *Boubou*, einem langen, weiten Hemd, und dem *Haoli*, dem Turban, bestand, der ihnen Schutz vor der Sonne und vor Sandstürmen bot. Die Frauen tragen allerdings meist noch ihre *Melhafas*, ungefähr 10 m lange Tücher, die sie um Kopf und Körper wickeln. Heute sieht man bei den Melhafas außer dem traditionellen tiefen Blau auch andere lebhafte Farbtöne. Im Gegensatz zu

▶ *Ehemals ein wirtschaftliches und geistiges Zentrum, das mit Timbuktu wetteiferte, ist Oualata heute eine sterbende Oasenstadt, deren Niedergang durch die Abwanderung vor allem junger Bewohner noch beschleunigt wird.*

▲ *Der Tee wurde erst vor nicht allzu langer Zeit nach Mauretanien eingeführt. Zu allen Anlässen wird er in großen Mengen getrunken.*

den Frauen der meisten anderen islamischen Länder gehen die Mauretanierinnen unverschleiert und haben innerhalb der Gesellschaft eine wirtschaftlich und sozial starke Position.

Das *Khaima*, die Behausung der Nomaden, ist ein dunkelbraunes, fast schwarzes Zelt, das mit Matten und Teppichen ausgelegt ist und fünf bis acht Personen Platz bietet. Die Zeltplanen werden von den Frauen aus Schafwolle und Kamelhaar gewebt. Viele Gebrauchsgegenstände werden aus Leder gefertigt, z. B. Decken, Kissen, Gebetsteppiche, Tabaksbeutel, Sandalen sowie Taschen und Wassersäcke. Die Verarbeitung der Häute und das Verzieren des Leders mit farbigen Ornamenten ist Aufgabe der Frauen. Die Bearbeitung von Gold, Silber, Zinn und Kupfer sowie Holz ist Sache der Handwerker, die innerhalb der gesellschaftlichen Ordnung der Mauren einen unteren Rang einnehmen. Früher stellten sie die mit Einlegearbeiten aus Zinn, Kupfer und Silber geschmückten Holztruhen her, in denen die Nomaden ihre Wertsachen verwahrten. Heute benutzt man statt dessen praktischere, robuste Blechkisten. In den Souks werden die schönen Holztruhen, die eine seltene Kostbarkeit des mauretanischen Kunsthandwerks sind und zu deren Herstellung vor allem Ebenholz und gehämmertes Silber verwendet werden, gelegentlich noch angeboten.

Das Nomadenleben hat auch für den Mauretanier des 20. Jh. wenig von seinem Reiz verloren. Viele Städter, die ein festes Haus mit fließendem Wasser und Strom besitzen, verlassen an den Wochenenden ihr komfortables Heim, um wie ihre Vorfahren durch die Wüste zu ziehen und an die Quellen ihrer alten Kultur zurückzukehren.

Die Mauretanier haben einen ausgeprägten Sinn für Gastfreundschaft, der wohl auf das einsame Nomadendasein zurückzuführen ist, in dem jeder Fremde, der über Neuigkeiten im Land berichten konnte, freudig aufgenommen und bewirtet wurde. Auch heute noch kann es passieren, daß ein Reisender, der unangemeldet vor dem Zelt erscheint, nach diesem ungeschriebenen Gesetz der Wüste empfangen wird. Das Zeremoniell der Bewirtung beginnt stets mit einem Getränk aus angesäuerter Kamelmilch, die mit Zuckerwasser verlängert wird. Es wird in einer großen Kalebasse serviert, aus der man der Reihe nach trinkt. Dann folgen Datteln und Butter, anschließend der obligatorische Pfefferminztee. Das erste Glas Tee ist sehr stark, mit dem vollen Aroma der Minze. Im letzten Glas befindet sich meist nur noch ein klebriger, zuckersüßer Sirup, denn der Tee wird reichlich gesüßt. Falls der Gast zum Essen bleibt, schlachtet man einen Hammel, grillt ihn am Spieß über dem offenen Feuer und verspeist ihn gemeinsam mit dem geschätzten Gast.

Heute werden die langen Kamelkarawanen, die früher die Handelsgüter von einem Ort zum andern transportierten, immer mehr von Lastwagen verdrängt, und das Nomadenleben wird leider bald der Vergangenheit angehören. Nur selten trifft man in Mauretanien noch große Karawanen an. Sie transportieren hauptsächlich Steinsalz, das in der Gegend von Zouerate rund 650 km nordöstlich der Hauptstadt Nouakchott im Tagebau gefördert wird und dessen Hauptabnehmer Mali und der Senegal sind.

Die Oasen

Zufluchtsorte in der Wüste

Die Oasen, die im Zentrum und im Südosten Mauretaniens an den alten Karawanenwegen liegen, sind in der sonnenverbrannten, ausgedörrten Landschaft für den Reisenden wie ein Geschenk des Himmels. Hier kann man sich von den Strapazen einer Wüstenreise etwas erholen. Die Bewohner der zum Teil sehr alten Oasendörfer bauen vor allem Dattelpalmen und ein wenig Getreide an. Zu den bekanntesten Oasen gehören Atar, Chinguetti und Ouadane in der Landesmitte sowie Oualata und Nema im Südosten. Atar, das früher als die heimliche Hauptstadt Mauretaniens galt, ist die größte Oase des Landes und von der jetzigen Hauptstadt aus am einfachsten zu erreichen. Etwa die Hälfte der gesamten Dattelernte der Republik stammt aus den Palmenhainen Atars. Die Piste, die von Atar in östlicher Richtung nach Chinguetti führt, durchquert das Trockental des Oued Amojjar, eines grandiosen Canyons, der in ein mit ockerfarbenem, rötlichem und schwarzem Gesteinsschutt be-

▶ *In den Schluchten, welche die Schichtstufen des Adrarberglandes durchschneiden, treten an mehreren Stellen kalte und warme Quellen aus, die grüne Inseln entstehen ließen.*

▲ *Lehmkastenhaus in Oualata; die Bewohner haben Eingänge, Fenster und Nischen der um einen Innenhof gruppierten Wohnräume mit Arabesken verziert.*

decktes Plateau eingekerbt ist. Die Geländewagen müssen sich hier durch den scharfkantigen Schutt der Steinwüsten (Hammadas) und anschließend durch Dünenfelder quälen. So benötigt man für die 120 km lange Strecke mindestens einen Tag. Doch die strapaziöse Fahrt zu der am Rand der großen Sandwüste gelegenen Oasenstadt Chinguetti lohnt sich. Die Stadt wurde im 11./12. Jh. auf den Grundmauern einer älteren Siedlung errichtet. Ihre Moschee mit dem weithin sichtbaren Minarett stammt aus dem 13. Jh., als sich in Chinguetti alljährlich Tausende von Pilgern versammelten, um von hier aus gemeinsam zur Fahrt nach Mekka aufzubrechen. Die Stadt gilt als Heilige Stadt des Islam. Rund 100 km nordöstlich endet die Piste in Ouadane, einer Oase, die von den meisten Bewohnern verlassen wurde und heute fast wie eine Geisterstadt anmutet.

Oualata, im äußersten Südosten des Landes nahe der Grenze zu Mali gelegen, ist für die kunstvollen Wandmalereien bekannt, mit denen die Oasenbewohner ihre Häuserfassaden, Fensternischen und Türrahmen verzieren und die jedes Jahr restauriert werden müssen. Die Ornamente werden zum Teil als Fruchtbarkeitssymbole gedeutet. Oualata, das im Mittelalter mit Timbuktu um die führende Stellung im Transsahara-Karawanenverkehr wetteiferte, ist durch eine gemeinsame Geschichte mit der Oasenstadt Nema, die weiter südlich liegt, verbunden. Die im Juli und August stattfindende Dattelernte ist auch Anlaß für viele Feste wie Hochzeiten und Familientreffen, die eine angenehme Abwechslung im harten und eintönigen Leben der Mauretanier sind. Bei diesen Festen und Feiern treten die umherziehenden *Griots*, Gruppen von Musikern, Sängern und Dichtern, auf. Obwohl sie in der Gesellschaftshierarchie Mauretaniens einen niedrigen Rang einnehmen, achtet man die Griots wegen ihrer künstlerischen Darbietungen. Die maurische Musik mit ihren schrillen Tönen wird sowohl von Männern als auch von Frauen gespielt. Zu den Gesängen, die für Nichteingeweihte alle gleich klingen, tanzt man mit kleinen, schnellen Schritten und bewegt dazu Arme und Finger. Zwischen den Tänzen tragen Wanderpoeten Gedichte und Lieder vor, die vom Publikum mit lebhaftem Beifall bedacht werden, wenn sie besonders treffend und gut gelungen sind. Die Griots, die von einem Nomadenlager zum andern und durch Dörfer und Städte ziehen, verbreiten gleichzeitig die neuesten Nachrichten im Land. Themen ihrer Darbietungen sind oft aktuelle Ereignisse, aber selbstverständlich auch der neueste Klatsch.

Der Süden

Die Kornkammer Mauretaniens

Im Süden der Republik leben hell- und dunkelhäutige Völker als seßhafte Bauern und Viehzüchter nebeneinander. Die ergiebigen Regenfälle ermöglichen den Anbau von Millet und Sorghum, den dort gebräuchlichsten Hirsearten. Die Feldarbeit beginnt mit der Regenzeit im Juli. In der Stromniederung des Senegalflusses, welche die Mauretanier *Chemama* nennen, leben die Stämme der Wolof und Tukulor, während die Fulbe und

Sarakole im Südosten entlang der Grenze zu Mali angesiedelt sind. Alle diese schwarzafrikanischen Völker sprechen ihre eigenen Sprachen, die von den anderen Bevölkerungsgruppen meist nicht verstanden werden. Da ihre Siedlungsgebiete oft über die Staatsgrenzen hinwegreichen, z. B. in den Senegal oder bis nach Mali hinein, führt dies permanent zu Konflikten mit den benachbarten Ländern. Nur die Haratin, die Nachkommen schwarzer Sklaven, sprechen den arabisch-maurischen Dialekt und leben wie die Bidan. Sie haben im Lauf der Jahrhunderte die Lebensweise ihrer ehemaligen Herren angenommen. Die kriegerischen Maurenstämme unternahmen früher oft Raubzüge in die schwarzafrikanischen Gebiete, um sich mit Getreide zu versorgen, zu plündern und Sklaven zu erbeuten.

Der Südosten Mauretaniens ist der am dünnsten besiedelte und am wenigsten erschlossene Landesteil, vor allem wegen der fast völlig fehlenden Verkehrsverbindungen. In der Regenzeit verwandeln sich die Pisten in Moraste und können nicht befahren werden. Manche Dörfer sind während dieser Zeit oft monatelang von der Außenwelt abgeschnitten. Die Gesellschaftsordnung ist veraltet, und die Anbaumethoden sind in dieser Gegend auf einem sehr niederen Entwicklungsstand geblieben. Viele Bauern bearbeiten ihre Felder nur mit einer Hacke.

Die Region Selibabi, die wie ein Keil zwischen Mali und der Republik Senegal liegt, ist die am südlichsten gelegene und zugleich fruchtbarste Region Mauretaniens. Früher konnte man damit rechnen, im Busch auf Löwen, Elefanten und Giraffen zu stoßen. Die Tierwelt hat allerdings auch in diesem Gebiet unter den Dürrekatastrophen der vergangenen Jahrzehnte stark gelitten. Mit viel Glück kann man im Norden noch Gazellen beobachten, aber die Strauße, die dort zu Beginn dieses Jahrhunderts noch weit verbreitet waren, sind inzwischen nahezu verschwunden.

Eine Asphaltstraße verbindet den Süden und Südosten des Landes mit der Hauptstadt Nouakchott. Sie ermöglicht es z. B. den Einwohnern von Nema, in 24 Stunden, also in einer halbwegs akzeptablen Zeit, in die Hauptstadt zu reisen. Früher dauerte eine solche Reise, zumindest in der Trockenzeit, eine Woche oder sogar länger.

▲ *Früher waren die dunkelhäutigen Imraguen Sklaven der Mauren. Der an der Küste zwischen Kap Blanco und Kap Timiris beheimatete Volksstamm lebt vom Fischfang.*

Die Imraguen

Eine Arbeitsgemeinschaft zwischen Menschen und Delphinen

Die Küste Mauretaniens ist reich an Sandstränden und dank des kühlen Kanarenstroms sehr fischreich. Und doch wandte das Land dem Meer hier stets den Rücken zu: Kein einziges altes Dorf, keine einzige alte Stadt liegt näher als 150 km am Meer. Eine Ausnahme macht hier nur der Stamm der Imraguen, der seit Menschengedenken im Umkreis des Kaps Timiris zwischen Nouakchott und Nouadhibou siedelt, wo er sich vor allem vom Fischfang ernährt. Im Winter folgen die Imraguen den Fischschwärmen, die vor der Küste nach Süden ziehen. Dabei helfen ihnen die vor der mauretanischen Küste sehr häufig anzutreffenden Delphine: Sobald es den Fischern gelungen ist, mit ihren Netzen vor der Küste einen Fischschwarm einzukreisen, nähern sich die Delphine und erbeuten die wenigen Fische, die sich aus den Netzen befreien können. Wenn der Fischschwarm nun zu weit von der Küste entfernt ist, schlagen die Imraguen mit Stöcken auf das Wasser. Das hört sich so an, als sprängen die Fische aus dem Wasser, und die Delphine schwimmen in dem Glauben, die Menschen würden fischen, schnell herbei. Dadurch treiben sie die aufgeregten Fische vor sich her auf die Küste zu und direkt in die dort ausgelegten Netze.

Eisenerz und Fische

Die Wirtschaftszentren

Die wichtigsten Wirtschaftszweige des Landes sind die Landwirtschaft, die Fischerei und der Erzbergbau. Verheerende Dürrekatastrophen seit den 70er Jahren haben den Lebensstandard der Bevölkerung drastisch gesenkt. Nur ein Bruchteil des eigenen Bedarfs an Lebensmitteln kann im Land selbst produziert werden.

Die Industrialisierung ist in Mauretanien noch nicht sehr weit fortgeschritten. Bis 1945 gab es nur eine einzige Fabrik im Land. Nouakchott, die Landeshauptstadt, Zouerate und der Erzhafen Nouadhibou sind die einzigen Städte, in denen die Industrie in Erscheinung tritt.

▲ *Vor den steilen Kliffs von Kap Blanco, die von den Wellen des Atlantischen Ozeans unterspült werden, kommen noch die seltenen Mönchsrobben vor.*

Die Hauptstadt Nouakchott wurde nahe einer alten Maurensiedlung 1958 gegründet. Die französische Kolonialverwaltung regierte Mauretanien bis 1960 größtenteils von St. Louis im Senegal aus, und so bestand die erste Aufgabe der Regierung des unabhängigen Mauretanien darin, ein eigenes Verwaltungszentrum zu gründen. Sie wählte dazu einen Ort etwa auf halber Strecke zwischen dem maurischen Norden und dem schwarzen Süden, gewissermaßen als Bindeglied zwischen den beiden Landesteilen.

Zouerate ist eine mitten in der Wüste am Fuß des Kedia d'Idjil (Eisenberg) gelegene Minenstadt. Sie entstand zu Beginn der 60er Jahre, als man sich entschloß, die reichen Vorkommen an Eisen- und Kupfererzen abzubauen. Das Bergbauzentrum ist mit dem Erzhafen Nouadhibou durch die Erzbahn verbunden, welche die aufbereiteten Erze über eine Entfernung von 650 km durch die Wüste transportiert. Die aus bis zu 200 Waggons bestehenden Erzzüge werden von drei Lokomotiven gezogen, die zu den stärksten der Welt gehören.

▶ *Von fünf Zinnen gekrönt, die Straußeneier tragen, überragt das Minarett der Heiligen Stadt Chinguetti die Moschee, die zu den ältesten in Mauretanien gehört.*

▲ *Von Juli bis Januar tritt der Niger über die Ufer und überflutet sein Binnendelta auf einer Fläche von mehreren tausend Quadratkilometern. Während dieser Zeit wird der Einbaum für die Bewohner des Deltas zum unentbehrlichen Fortbewegungsmittel.*

Mali

Der Binnenstaat am Oberlauf des Niger war im Mittelalter das Zentrum mächtiger Reiche. Heute ist das „Land der Schwarzen", wie Mali von den ersten arabischen Geographen genannt wurde, einer der ärmsten Staaten der Erde.

Der Landesname weckt Erinnerungen an eines der schwarzafrikanischen Großreiche, die sich im 13. und 14. Jh. vom Atlantischen Ozean bis zum Adrar erstreckten und deren Reichtum der Saharahandel begründete. Mit ihnen verbindet man im allgemeinen die Vorstellung von einem afrikanischen Eldorado, einem damals ebenso reichen wie geheimnisvollen und gefürchteten Land. Die Pracht und der Luxus, die der Königshof der Malinke, der Träger des Malireichs, entfaltete, waren in Schwarzafrika einmalig. Neben Gold besaß Mali in den Salinen von Tadmekka und Teghaza große Salzvorkommen, die genauso wertvoll waren wie das gelbe Metall und den Neid der Nachbarländer weckten. Die ersten Herrscher des Malinkereichs waren vor allem aus diesem Grund bestrebt, ihre Macht am Oberlauf des Niger zu festigen. Einer seiner Könige, Nare Famaghan (1218–1230), heiratete Sogolon, eine häßliche und bucklige Prinzessin, der durch ein Orakel prophezeit wurde, sie werde dem mächtigsten König der Erde das Leben schenken. Als sie dann den Sohn Sundjata gebar, war er an beiden Beinen gelähmt. Wie durch ein Wunder soll er im siebten Lebensjahr von seinem Leiden geheilt worden sein. Sundjata erwarb sich bald einen großen Ruf als Krieger und Magier und gilt als Begründer des Königreichs. Nachdem er seinen

▶ *Die Große Moschee von Djenné ist ein Meisterwerk der traditionellen Lehmarchitektur am Oberlauf des Niger; typisch sind die Lehmpfeiler, welche die Fassade vertikal gliedern.*

▲ *Die Fulbe, deren Frauen an Festtagen wertvollen Bernsteinschmuck und übergroße Ohrringe tragen, haben auffallend europäid anmutende Züge.*

Bruder Soumangourou, der ihm den Thron streitig machen wollte, besiegt hatte, wurde er 1230 zum König der Malinke gekrönt und regierte bis 1255. Unter den Nachfolgern Sundjatas ragt Mansa Mussa I. (1312–1337) hervor, unter dem das Reich den Höhepunkt seiner Macht und Kultur erlangte; er trieb auch die Islamisierung voran. Bekannt wurde er vor allem durch seine Pilgerfahrt nach Mekka im Jahr 1324. Mit einem riesigen Gefolge von 60 000 Untertanen und 80 prallvoll mit Goldstaub gefüllten Säcken (schätzungsweise 3800 kg) reiste er über Oualata und Kairo nach Mekka. In Ägypten soll er 20 000 Goldstücke als Almosen verteilt haben. Im folgenden Jahrhundert verlor Mali seine beherrschende Stellung am Südrand der Sahara.

Das Reich Songhai trat von 1468 bis 1591 an seine Stelle. Auch die Songhaiherrscher beuteten die Naturschätze Schwarzafrikas aus, förderten aber auch den Handel, der dem Reich bald eine bis dahin nie gekannte wirtschaftliche und kulturelle Blüte bescherte. Jedes Jahr zogen mehr als 10 000 mit Gold und Elfenbein beladene Kamele, begleitet von Legionen aneinandergefesselter Negersklaven, durch die Wüste in den Maghreb. Auf dem Rückweg brachten die Karawanen Salz, Seide und andere Luxuswaren des Orients mit. Die ruhmvolle Geschichte und die alten Heldengedichte von Sundjata oder Mansa Mussa bieten bis heute noch den Stoff für die Darbietungen der Straßenkünstler *(Griots)*. Überhaupt spielten die Künstler in diesen Großreichen eine dominierende Rolle, denn aus ihnen rekrutierten sich die Berater des Königs, die Hofbeamten, die mit der Ahnenforschung und der Kontrolle der Verfassung beauftragt waren, sowie die Lehrer der jungen Prinzen. Obwohl sich seither in Mali vieles verändert hat, genießen die Griots sowohl bei den einfachen Leuten als auch bei der geistigen Elite des Landes bis heute großes Ansehen.

Zwischen Wüste und Savanne

Die Landschaftsgürtel Malis

Die Republik wird von zwei in entgegengesetzter Richtung verlaufenden großen Strömen durchquert, dem Senegal und dem Niger. Mali hat als Binnenstaat keinen unmittelbaren Zugang zum Meer. Seine Landschafts- und Vegetationsgürtel verlaufen recht gleichmäßig von West nach Ost. Rund 100 km nördlich von Bamako beginnt die Sahelzone, ein breiter Gürtel von Dornstrauchsavannen und Halbwüsten, der durch den unaufhaltsamen Vormarsch der Wüste von Norden her immer mehr eingeengt wird. Diese Zone kann, abgesehen von den Talauen und einigen Oasen, nur als Weideland genutzt werden. Hier ist die Welt der Fulbe-

▶ *Bei den Bambara müssen die Jugendlichen mehrere Initiationsriten über sich ergehen lassen; in einem bestimmten Alter tragen sie die Ndomo-Masken.*

▲ *Diese an überdimensionale Wasserkrüge erinnernden Getreidespeicher dienen zum Schutz der Vorräte vor Schädlingen.*

hirten, die mit ihren Herden zwischen Wüste und Savanne hin- und herziehen und ihrerseits durch Überweidung zur Ausbreitung der Wüste beitragen.

Nach Süden hin schließen sich Trocken- und im äußersten Süden Feuchtsavannen an, die schließlich fließend in tropische Regenwälder übergehen. In der Zone der Trocken- und Feuchtsavannen dauert die Trockenzeit höchstens zehn Monate. Dort werden von den Bambara und anderen Völkern Hirse, Foniohirse (Hungerreis), Erdnüsse und Maniok angebaut, darüber hinaus Baumwolle und Zuckerrohr, welche in erster Linie für den Export bestimmt sind. Dürreperioden über viele lange Jahre hinweg haben die Ausbreitung der Wüste bis in den Süden des Landes stark beschleunigt, so daß auch Mali von Mißernten und Hungersnöten bedroht ist.

Auf Entdeckungsreise

Drei Ausflüge von Bamako aus

Während der sommerlichen Regenzeit von Juni bis September ist das sumpf- und seenreiche Becken zwischen Ségou und Timbuktu oft weithin überflutet. Gegen Ende Oktober kann man es wieder wagen, zu Land oder auf dem Wasser größere Exkur-

▲ *Farbenprächtige, handgefärbte Baumwolltücher zeugen vom kunsthandwerklichen Geschick der Bewohner Malis.*

sionen durch das Land am Niger zu unternehmen. Als Ausgangspunkt bietet sich Bamako an, das Verwaltungs- und Wirtschaftszentrum Malis.

Die Landeshauptstadt war noch bis zum Ende des vorigen Jahrhunderts ein größeres Dorf. Sie wurde von den Franzosen, die im Jahr 1892 die Kolonie Französisch-Sudan gründeten, zum Verwaltungssitz ausgebaut und erstreckt sich vor den Ausläufern des Mandingogebirges am linken Ufer des Niger, der an dieser Stelle fast 1 km breit ist. Auf dem Kouloubahügel sind der Gouverneurspalast und verschiedene Verwaltungsgebäude als Zeugen aus der Kolonialzeit erhalten geblieben. Mit ihren breiten, schattigen Alleen, den weißen und hellbraunen Gebäuden im neosudanesischen und neoklassizistischen Stil hat die Stadt ihr altertümliches Flair bewahrt. Im Umkreis des Zentralmarkts, Marché Rose genannt, der in einer dreieckigen Halle untergebracht ist und zu den bedeutendsten Sehenswürdigkeiten der Stadt ge-

▶ *Für die dürregeplagten Sahelstaaten ist der Niger Lebensspender und Verkehrsader zugleich. In einem weiten Bogen durchströmt er Mali und die nach ihm benannte Republik Niger, bevor er in Nigeria nach über 4000 km langem Lauf in den Golf von Guinea mündet.*

▲ *Auf dem Marché Rose in der Hauptstadt Bamako finden Kauflustige alles, was ihr Herz begehrt: Schmuck, Lederwaren, gewebte Decken, Amulette, Weihrauch, duftende Essenzen …*

hört, herrscht den ganzen Tag über emsiges Treiben. Im Stadtkern drängen sich die winzigen Läden und Verkaufsstände der Händler, die den Kunden ein buntes Warengemisch, so z. B. Uhren, Sonnenbrillen und Zigaretten, anbieten. Auch im Innern der Markthalle ist das Warenangebot vielfältig und reicht von Plastikschuhen über teure Kosmetik bis zu bunten Decken, Bronzearmbändern und anderen Erzeugnissen des einheimischen Kunsthandwerks.

Etwas weiter entfernt sitzen Frauen im Schneidersitz auf dem Bürgersteig und bieten scharfe Gewürze, Orangen, Pampelmusen, Möhren, Tomaten und anderes Gemüse aus den am Stadtrand gelegenen Gärten an, alles natürlich immer zum „Sonderpreis". In der Nähe der Großen Moschee liegt das nationale Zentrum des Kunsthandwerks, wo man den Goldschmied- und Lederhandwerkern und Holzschnitzern bei der Arbeit über die Schulter schauen darf. Es ist immer wieder faszinierend, mit wieviel Geschick sie bunt verzierte Ledertaschen herstellen oder Silberdrähte zu feinem Filigranschmuck biegen. Schließlich gehört zu einer Besichtigung von Bamako auch ein Bummel durch die ausgedehnten afrikanischen Wohnviertel, welche die Innenstadt umgeben. Hier mischt sich das Blöken der Schafe mit dem Gekreisch der Kinder und dem Ruf des Muezzins (Gebetsrufer) zu einer typisch nordafrikanischen Geräuschkulisse. Frauen weben im Schatten von Mangobäumen mit primitiven Webstühlen breite Baumwollbänder, aus denen sie hübsche Decken mit weißem, grünem und rotem Schachbrettmuster anfertigen. Ihre Männer vergnügen sich derweil bei endlosen Damepartien. Von Bamako aus, dem Verkehrsknotenpunkt Malis, hat der Reisende im wesentlichen die Wahl zwischen drei verschiedenen Ausflugsrouten: Für die erste, die in westliche Richtung nach Kayes führt, empfiehlt es sich, die Eisenbahn zu benutzen. Jede Woche fahren mehrere Züge von Bamako nach Dakar, der Hauptstadt Senegals. Der Reiz der Bahnfahrt besteht vor allem im gemächlichen Dahinrattern, das Europäer zunächst meist nervös macht, sie dann aber die Weite Afrikas spüren und zur Ruhe kommen läßt. Außerdem gibt es nur wenige Gelegenheiten, bei denen man so leicht Kontakt mit der Bevölkerung bekommt wie bei einer Fahrt mit der Eisenbahn.

Kayes bildet den Endpunkt der Binnenschiffahrt auf dem Senegalfluß. Es liegt im Herzen einer Region, die früher wegen ihrer Goldminen bekannt war. Der Fluß hat oberhalb der Stadt zahlreiche Stromschnellen und kleine Wasserfälle, die man sich anschauen sollte. Auch das Fort von Médine, das im Jahr 1857 in einer denkwürdigen Schlacht umkämpft wurde, lohnt gleichfalls einen Besuch.

Die schönste Reise durch Mali ist immer noch eine Fahrt auf dem Niger von Koulikoro flußabwärts. Unterhalb der Stromschnellen bei Bamako ist der Wasserlauf zwischen Juli und Dezember schiffbar. Dann verkehren zwei Passagierschiffe der Compagnie Malienne de Navigation zwischen Koulikoro und Gao.

An der Straße nach Timbuktu liegt Ségou, das vom 17. bis 19. Jh. die Residenzstadt der Bambarakönige war. Aus dieser Zeit blieben im afrikanischen Stadtviertel einige sehenswerte Bauwerke erhalten. Der aus Lehm errichtete Königspalast und andere historische Baudenkmäler wurden nach der Eroberung Ségous durch die Franzosen abgerissen; ab 1880 gehörte Ségou zur Kolonie Französisch-Sudan. Das Stadtbild wird daher vorwiegend von farbenfrohen Bauten im Kolonialstil bestimmt. 40 km weiter stromabwärts wird der Niger durch den Markaladamm zu einem See gestaut. Er dient vor allem zur Bewässerung der fruchtbaren Stromebene, wo die Anbauflächen von Reis, Baumwolle und Zuckerrohr um ein Vielfaches erweitert werden konnten.

Am dritten Tag legt das Schiff in Mopti an, dem „Venedig des Sudan" am Zusammenfluß von Niger und Bani. Die im 19. Jh. gegründete Stadt ist ein bedeutender Flußhafen und Umschlagplatz für getrockneten und geräucherten Fisch, von dem ganze Lastwagenladungen nach Ghana und Burkina Faso transportiert werden. Mopti, das auf drei kleinen, durch Dämme miteinander verbundenen Inseln erbaut wurde, besitzt eine schöne Moschee, deren Baustil an die Große Moschee von Djenné erinnert. Charakteristisch für Mopti sind die aus grauem Lehm errichteten Wohnhäuser mit Dachterrasse, zu der außen am Haus eine Treppe hinaufführt. Im Marktviertel Moptis findet man die schönsten *Kassas*, gewebte Wolldecken der Fulbe mit herrlichen geometrischen Mustern. Die Läden bieten eine reiche Auswahl an Schmuck und Tonkrügen an, in denen das Wasser beim Aufbewahren schön kühl bleibt.

Timbuktu

Der Hafen der Wüste

„Ein Ort, an dem sich Kamelkarawanen und Flußschiffe begegnen" – so charakterisierte ein arabischer Chronist die legendäre Stadt

▶ *Die ältesten Dörfer der Dogon liegen an der Falaise, einer Steilstufe, die auf einer Länge von 200 km fast senkrecht zu einer 250 m tiefer gelegenen Ebene abfällt.*

▶ *In der alten, erstmals im 12. Jh. urkundlich erwähnten Stadt Timbuktu mischen sich maurische Formen der Architektur mit Stilelementen des Sahel und der Kolonialzeit.*

▲ *In der Ebene am Fuß der Falaise bauen die Dogon hauptsächlich Sorghum (eine Hirseart) an, das wichtigste Grundnahrungsmittel in Mali.*

am Südrand der Sahara. Timbuktu ist durch einen – allerdings nur bei sehr hohem Wasserstand während der Regenzeit schiffbaren – Wasserlauf mit dem Flußhafen Kabara und weiter durch einen Kanal mit dem Niger verbunden. Schiffe verkörpern hier den tropischen Süden, sind gleichbedeutend mit Reis, Hirse und Gold; Kamele dagegen stehen für Wüste, die Salzbergwerke von Teghaza und ganz allgemein den arabischen Einfluß. Timbuktu, das in seiner Blütezeit im späten Mittelalter eine berühmte Universität besaß, die sich mit den Hochschulen in Kairo und Córdoba messen konnte, durfte jahrhundertelang von Christen nicht betreten werden. Der erste Europäer, der gegen dieses Verbot verstieß, war der Schotte Gordon Laing, der die alte Stadt 1826 betrat, dafür jedoch mit seinem Leben bezahlen mußte. Ein Jahr später konnte der Franzose René Caillié der geheimnisvollen Anziehungskraft Timbuktus ebenfalls nicht widerstehen. Er gelangte als Maure verkleidet in die Stadt und kehrte von seiner abenteuerlichen Reise auch wohlbehalten wieder nach Frankreich zurück.

Die Falaise

Kunst und Kulte der Dogon

Die Straße von Bamako nach Bandiagara, dem Eingangstor zum Land der Dogon, quert hinter Ségou eine der typischsten Landschaften Malis: eine endlose Baumsavanne, deren Bild sich im Wechsel der Regen- und Trockenzeiten beträchtlich zu ändern vermag. Während der Trockenzeit lebt die Pflanzenwelt sozusagen auf Sparflamme. Die Bäume verlieren ihre Blätter, und wenn die Sonne nicht unbarmherzig herniederbrennen würde, könnte man beim Anblick der kahlen Bäume an eine winterliche Landschaft in den mittleren Breiten denken. Das verdorrte Gras kann die Trockenrisse im Erdboden kaum verbergen und nährt zum Verdruß der Bauern häufig Buschbrände, die fast jedes Jahr mehrere tausend Hektar verwüsten. Die Regenfälle, welche die graubraune, ausgetrocknete Savanne früher regelmäßig ab Mai in eine grüne Landschaft verwandelten, blieben in den letzten Jahren oft aus.

Hinter Mopti steigt die Straße allmählich an, und das Pflanzenkleid wird karger. Die eigentliche Kraft- und Mutprobe für Autoreisende beginnt aber erst auf der 45 km langen Strecke zwischen Bandiagara und Sangha, einem Marktort des Landes der Dogon. Die Straße gleicht bestenfalls einem Maultierpfad, eher jedoch einer in den Fels gehauenen Treppe.

Die Dogon gehören zu den eigenartigsten Völkern Malis, was wohl mit ihrem Lebensraum, der Falaise, zusammenhängt, einer Steilstufe, die auf einer Länge von 200 km fast senkrecht zu einer 250 m tiefer gelegenen Ebene abfällt. In den Geröllhalden und auf Felskanten haben die Dogon in wahrhaft atemberaubenden Positionen ihre Dörfer errichtet. Das bekannteste ist Ireli, das sich in mehreren Etagen die Felswände hinaufzieht. Oft erreicht man die Siedlungen, die fast ständig von einem starken Wind umweht werden, nur über primitive Leitern. Wegen des steilen Geländes sind die Häuser in der Regel klein, allerdings besitzt jedes Dorf neben den Familienhäusern ein Männerhaus, das man an den aus Steinen gemauerten Pfeilern erkennt, sowie ein rundes Haus, in das sich die Frauen während der Menstruation zurückziehen. Hoch oben an den Steilwänden sind Lehmgrüfte eingemauert, in denen die Dogon ihre Toten bestatten.

Die Dogon stammen vermutlich aus der Gegend westlich der Hauptstadt Bamako, worauf Ähnlichkeiten ihrer Sprache mit den Mandesprachen hindeuten. Wahrscheinlich zog sich der Stamm zwischen dem 10. und 13. Jh. n. Chr. auf die Bandiagarahochebene und in die Felswände der Falaise zurück, um Schutz vor Feinden zu finden. In ihrer bizarren Umwelt entwickelten sie eine Kultur, die Völkerkundler und andere Wissenschaftler seit langem fasziniert. Die Religion der Dogon beruht auf der Ahnenverehrung und kennt eine Reihe von Ritualen wie den Binukult vor Beginn der Feldarbeiten oder die

▲ *Maskenrituale, zu denen auch eine Zeremonie wie der Stelzentanz zählt, gehören zu den wichtigsten religiösen Kulthandlungen der Dogon.*

Sigizeremonie, ein alle 60 Jahre gefeiertes Maskenritual. Daneben spiegelt sich die Religion in symbolträchtigen Skulpturen wider. Zu den bekanntesten Masken der Dogon zählen die *Kanagas*, Holzmasken mit einem kreuzförmigen Aufsatz, dessen Enden abgewinkelt sind.

Gao und Goundam

Pforten der Sahara

Nördlich des Niger geht der Savannengürtel allmählich in die Wüste über. In diesem Grenzsaum liegt eine Stadt, die in Europa kaum bekannt ist, sich in ihrer historischen Bedeutung aber durchaus mit dem vielgerühmten Timbuktu messen kann: Gao, die ehemalige Residenz der Songhaikönige. Sie wurde in den 30er Jahren durch den Hügel von Sane auch als archäologische Fundstätte bekannt. Französische Forscher entdeckten dort Grabstellen aus dem Mittelalter und karthagische Goldmünzen, die vermutlich aus dem 1. Jh. n. Chr. stammen. Die Funde beweisen, daß die Sahara schon damals für den Handel keine unüberwindliche Barriere darstellte. Heute endet in Gao die Tanezrouft-Piste durch die Sahara. Nach 1400 km Wüstenfahrt versteht man, wieso die Tuareg den Niger „Fluß der Flüsse" nennen. Eine der schwierigsten Etappen liegt aber noch vor demjenigen Reisenden, der am Niger entlang nach Timbuktu und durch sein Binnendelta nach Mopti weiterreisen will. Hier treffen die Wüste mit ihren Sanddünen und das Überschwemmungsland der Nigerstromebene, in dem eine Vielzahl von Wasservögeln und auch Flußpferde leben, hart aufeinander. Nur wenige Kilometer von Gao entfernt, erfrischt die „Grüne Insel" die an gelben Sand und dunklen Wüstenlack gewöhnten Augen der Wüstenreisenden mit sattgrünen Weiden. So grün war vor den schlimmen Dürrekatastrophen der 60er und 70er Jahre auch die Umgebung des Faguibinesees bei Goundam, während heute die Seen im Binnendelta größtenteils ausgetrocknet sind.

▶ *Dogondorf; typisch sind die Flachdachhäuser, Küchenrundtürme und Hirsespeicher mit kegelförmigen Strohdächern. Aus Lehm modellierte Symbole sollen das Dorf vor Unglück bewahren.*

▲ *Das Zentrum von St. Louis, der alten Hauptstadt des Senegal, liegt auf einer langgestreckten Insel unmittelbar im Mündungsbereich des Senegalflusses.*

Senegal

Das Land am gleichnamigen Strom war die erste und typischste Kolonie Frankreichs in diesem Teil der Erde. Obwohl bereits 1960 in die Unabhängigkeit entlassen, unterhält Senegal noch immer enge Beziehungen zum ehemaligen Mutterland.

SENEGAL, einer der Sahelstaaten, grenzt im Westen mit einer 500 km langen Küstenlinie an den Atlantischen Ozean, im Norden an Mauretanien, im Osten an Mali und im Süden an Guinea und Guinea-Bissau. Im südlichen Landesdrittel ragt das Staatsgebiet von Gambia von der Küste aus etwa 300 km weit wie ein Dorn in das senegalesische Binnenland und trennt die Südprovinz Casamance fast ganz vom übrigen Land ab. Diese Enklave erstreckt sich mit einer Breite von höchstens 45 km beiderseits des Gambiaflusses. Früher war Gambia tatsächlich wie ein Dorn im Fleisch des Staates Senegal, der beispielsweise bei der Fahrt von Dakar zur Casamance zu weiten Umwegen zwang. Seit 1982 sind Senegal und Gambia jedoch in der Konföderation Senegambia vereint, die beiden Staaten ihre volle Unabhängigkeit garantiert und dafür sorgt, daß man einigermaßen miteinander auskommt.

Das wichtigste Kennzeichen der mit fast 200 000 km² im Vergleich zu den Nachbarn im Norden und Osten recht kleinen Republik ist ihre für Schwarzafrika einzigartige Landschaftsvielfalt. Im Norden reichen die letzten Dünen der Sahara bis an den Senegalfluß heran, nach dem im Jahr 1864 die französische Kolonie Senegal benannt wurde. Das Landschaftsbild des Südens wird dagegen von üppigen Feuchtsavannenwäldern und fruchtbaren Stromebenen geprägt. Den äußersten Südosten an der Grenze zwischen Guinea und Senegal queren die Ausläufer des Berglandes von Fouta Djalon, grüne Hügel in einer ausgedehnten Ebene. Für den Westen sind wiederum flache Savannenlandschaften mit Dornsträuchern, *Baobabs* (Affenbrotbäumen), Termitenhügeln und kleinen Waldinseln typisch, in deren Schatten sich meistens ein Dorf verbirgt. Der bizarr geformte Baobab, übrigens der Nationalbaum Senegals, dient den Bewohnern des Landes auf vielfältige Art und Weise: er spendet nicht nur Nahrung in Form von wohlschmeckenden Früchten und Samen für die Ölgewinnung, sondern liefert auch Holz für den Kanubau und Rinde für die Herstellung von Bast. An der Küste wechseln Lagunen mit Lateritkliffs, Felsen aus Säulenbasalt, Mangrovesümpfen und schönen Sandstränden einander ab. In den weiten Trichtermündungen der Flüsse Senegal, Saloum und Casamance vereinen sich Meer und Land zu einer amphibischen Landschaft, welche die Lebensweise von Mensch und Tier gleichermaßen prägt. Im Inselgewirr der Ästuare mit ihren riesigen Mangrovesümpfen und dem geheimnisvollen Dunkel der tropischen Vegetation verschwimmen die Grenzen zwischen Meer und Land, Salz- und Süßwasser, der Tierwelt des Meeres und der des Landes – ein wahres ökologisches Freilichtmuseum, dessen Reichtum an Arten und Lebensformen einzigartig ist. Hier findet man noch eines jener Naturparadiese, die durch ihre Vielzahl an Tierarten den Besucher in ihren Bann zu ziehen vermögen.

Die gleiche Vielfalt findet sich auch bei den Bevölkerungsgruppen des Landes wieder, vor allem an der Küste, während das küstenferne Binnenland landschaftlich und ethnisch einheitlicher ist. Die etwas über 7 Mio. Einwohner setzen sich aus mehreren Dutzend Völkern und Stämmen zusammen, mit jeweils eigener Geschichte, Sprache und Kultur. Im Nordwesten der Republik sind die Wolof angesiedelt, die zahlenmäßig stärkste Bevölkerungsgruppe des Senegal, die, ehrgeizig und fortschrittlich gesinnt, die einflußreichsten Ämter in Staat und Gesellschaft bekleiden. Ihre Nachbarn im Gebiet des Kap Verde, die Lebu, wohnen nur an der Küste. Einen Steinwurf von den Wolkenkratzern der Hauptstadt entfernt, führen sie immer noch das einfache Leben der Fischer.

Die Tukulor in der Region Fleuve sind seßhafte Hackbauern, im Gegensatz zu der verwandten Volksgruppe der Fulbe, die ihr Nomadenleben noch nicht ganz aufgegeben haben. Sie ziehen mit ihren Zeburindern durch die Savannen Ostsenegals, die Regionen Ferlo und Haute Casamance. Im Osten zwischen Matam und Bakel entlang der Grenze zu Mauretanien liegt die Heimat der Sarakole, die als die besten Landwirte der

▶ *Ein Dorf aus strohgedeckten Lehmhütten in den Savannen des östlichen Senegal. Jede Familie besitzt mehrere der kleinen Hütten.*

▲ *Die Frauen im Senegal, besonders die Städterinnen, gelten als sehr modebewußt. Sie tragen den* Boubou, *das kunstvoll geknüpfte Kopftuch, und ihren Filigranschmuck mit viel Anmut.*

Republik gelten. Die Malinke haben sich an den Ufern der Casamance und des Gambia niedergelassen, während man an der Petite Côte, dem südlichen Abschnitt der senegalesischen Atlantikküste, im Umkreis der Stadt Kaolack vor allem auf die bereits seit dem 15. Jh. dort ansässigen römisch-katholischen Serer trifft, die hauptsächlich vom Fischfang und vom Erdnuß- und Hirseanbau leben.

Des weiteren müssen einige kleinere Völker angeführt werden, die, vom Gang der Geschichte kaum beeinflußt, ihre Lebensweise seit Jahrhunderten nicht verändert haben und noch ihre alten Natur- und Stammeskulte pflegen. Dazu gehören u. a. die Diola und die Floup in der Basse Casamance oder die Coniagui und Bassari an der Grenze von Guinea.

Schließlich bedarf es noch der Erwähnung der Mauren am Senegalfluß, der Mulatten von Gorée und St. Louis sowie der syrischen, libanesischen und französischen Minderheiten, die als Bürger Senegals oder als Ausländer im Land leben und arbeiten. Vielleicht kann man sich nun eine Vorstellung von dem bunten Völkergemisch machen, das im Senegal eng nebeneinander lebt, in einem Land, in dem der Sinn für Humor und Toleranz das Denken und Handeln bestimmt.

Selbst der Islam, der in anderen Ländern oft keinen Platz für weitere Religionen läßt, zeigt sich im Senegal wesentlich toleranter. Die Lehre des Propheten, zu der sich rund 90 % der Senegalesen bekennen, trat hier erstmals im 11. Jh. mit der Dynastie der Almoraviden stärker in Erscheinung, ohne jedoch gleich viele Anhänger zu gewinnen. Die Islamisierung des Senegal machte erst im 19. Jh. große Fortschritte, als es zwei islamischen Bruderschaften, den Tidjani und den Mouriden, gelang, den Monotheismus des Islam mit den traditionellen animistischen Kulten zu verbinden und bei der Bevölkerung ein soziales Bewußtsein zu wekken, das bis dahin unbekannt war. In Tivaouane, dem Sitz der Tidjanibruderschaft, und in der Großen Moschee von Touba, die über dem Grab Ahmadou Bambas, des Gründers der Bruderschaft der Mouriden, errichtet wurde, versammeln sich an hohen Festtagen Hunderttausende von Gläubigen aus dem ganzen Land. Die Wallfahrten können sich hinsichtlich der Zahl der Pilger und ihres Glaubenseifers durchaus mit denen nach Mekka und Medina messen. In entlegenen Gegenden haben die alten animistischen Kulte bis auf den heutigen Tag noch zahlreiche Anhänger; aber der animistische Glaube, daß selbst tote Materie beseelt ist und die Ahnen das Leben der Gemeinschaft aus dem Jenseits beeinflussen, ist ja auch unter Anhängern der modernen Religionen Christentum und Islam noch teilweise lebendig.

Dakar

Die Metropole der Republik

Die weitaus größte Stadt des Senegal, Dakar, beherbergt etwa 1,2 Mio. Menschen, also fast ein Fünftel der gesamten Bevölkerung. Doch so genau weiß man das nicht, denn rechnet man die zahllosen Vororte hinzu, kann der Bevölkerungsanteil Dakars auch ein Viertel ausmachen.

Die Millionenstadt liegt am südlichsten Ausläufer der Halbinsel Kap Verde, einer langen, flachen Landzunge, die den westlichsten Punkt des afrikanischen Kontinents bildet. Ihren Namen verdankt die Halbinsel den Portugiesen, die sie im Jahr 1444 entdeckten. Nach ihrer langen Fahrt entlang der von gelben Sanddünen gesäumten Atlantikküste zwischen Tanger und der Mündung des Senegalflusses waren die Entdecker von dem üppigen Pflanzenkleid des „Grünen Kaps" begeistert. Der Name ist nicht ganz zutreffend, denn außerhalb der Regenzeit ist Kap Verde eher rot. Beim Anflug auf den internationalen Flughafen Dakar-Yoff sieht man im allgemeinen nur ein ziegelrotes, mit einzelnen Affenbrotbäumen bewachsenes Lateritplateau, das sich in das blaue Meer vorschiebt. Zwischen Hochhäusern und Lehmhütten tritt der in

▲ *Etwa 90% der Senegalesen sind Moslems. Freitags ist der Platz vor der Großen Moschee von Dakar mit Gläubigen überfüllt, die beim Gebet niederknien und ihr Haupt in Richtung Mekka neigen.*

Jahrmillionen tiefgründig verwitterte Sockel des Kontinents zutage.

Mit seinem Tiefwasserhafen, dem größten und sichersten zwischen der Straße von Gibraltar und dem Golf von Guinea, ist Dakar von seiner Lage her wie geschaffen zur Handels- und Hafenstadt. Es dauerte jedoch lange, bis europäische Reeder und Kaufleute diesen Vorzug erkannten und nutzten. Sie errichteten Niederlassungen auf der Insel Gorée, in Rufisque und St. Louis, während Ndakaru (Tamarindenbaum) ein kleiner, verschlafener Fischereihafen der Lebu blieb. Den Anstoß zur Entwicklung der Stadt gaben katholische Missionare, die hier um die Mitte des vorigen Jahrhunderts eine Station errichteten. Mit dem eigentlichen Ausbau zur Hafen- und Handelsstadt begann man 1862. Das Jahr 1904 markiert einen weiteren Meilenstein in der Geschichte Dakars. Damals verlegten die Franzosen den Verwaltungssitz ihrer Kolonie nach Dakar, während St. Louis Hauptstadt des Senegal blieb. Damit war über das Los der beiden Städte endgültig entschieden: St. Louis fiel zurück in afrikanische Apathie, Dakar entwickelte sich dagegen zum Verwaltungszentrum der rund 5 Mio. km^2 großen Kolonie, zum Industriestandort, wichtigsten Erdnußexporthafen, Flottenstützpunkt der französischen Kriegsmarine und zur Etappenstation vieler internationaler Fluglinien im Luftverkehr zwischen Europa und den Zielorten auf dem südamerikanischen Kontinent.

Bis zum Beginn des Zweiten Weltkriegs war Dakar eine nahezu „horizontale" Stadt – es gab kaum ein Gebäude mit mehr als drei Stockwerken. Die niedrigen Häuser waren von Gärten umgeben, in denen Melonen- und Guavebäume sowie Frangipanisträucher zur Mittagszeit für den gewünschten Schatten sorgten. Wenn man jedoch heute von der südwestlich von Dakar liegenden Insel Gorée aus auf die Stadt schaut, sieht man eine weiße, „vertikale" Stadt, eine moderne Metropole mit einer Vielzahl von neuen Hochhäusern, die ebensogut am Mittelmeer oder im tropischen Südamerika liegen könnte.

Die wichtigsten Sehenswürdigkeiten sind indes dieselben geblieben: der Präsidentenpalast, ehemals Gouverneurssitz von Franzö-

▲ *Kopftuch, Kleid und sogar das Tuch, in dem sie ihr Baby auf dem Rücken trägt: alle Kleidungsstücke dieser jungen Senegalesin sind aufeinander abgestimmt.*

sisch-Westafrika; die katholische Kathedrale, ein wenig überzeugender Versuch, europäische, orientalische und afrikanische Stilelemente zu einer eigenständigen Kirchenarchitektur zusammenzuführen; das Museum des I.F.A.N.-Instituts (Institut Fondamental d'Afrique Noire) mit Masken, Holzskulpturen und anderen Kunstobjekten schwarzafrikanischer Völker. Die alte Innenstadt um die ehemalige Place Protet (jetzt Place de l'Indépendance) ist von Luxushotels und eleganten Geschäften umgeben. Die Corniche, Panoramastraße der Hauptstadt, führt an der Steilküste der Halbinsel entlang. Von hier aus erkennt man im Westen die unbewohnten Madeleine-Inseln, im Osten das Kap Verde und die dem Grünen Kap vorgelagerte Insel Gorée.

Natürlich gehört auch der Besuch der großen Märkte Dakars zum obligatorischen Besichtigungsprogramm. Der Kermelmarkt richtet sich mit seinem Angebot in erster Linie an die in Dakar ansässigen Europäer und Touristen. Hier findet man neben der ganzen Vielfalt tropischer und subtropischer Früchte schöne Souvenirs, vor allem Leder- und Flechtarbeiten. Die afrikanischen Hausfrauen kaufen dagegen auf dem Sandagamarkt ein. Für Urlauber sind hier vor allem die kleinen Läden und Stände der Textil-

▶ *Am Strand von Kayar nahe der Hauptstadt Dakar: Fischer sind vom Fang heimgekehrt.*

▲ *Das Sklavenhaus auf der Insel Gorée: Eine hufeisenförmig geschwungene Freitreppe führt zum Obergeschoß. Im Erdgeschoß liegen winzige Zellen, in denen die Sklaven bis zum Transport nach Amerika eingesperrt wurden.*

branche interessant, wo man Pagnes, Boubous und andere traditionelle afrikanische Gewänder erstehen kann.

Kap Verde

Strände und grüne Dünen

Wer auf den Märkten Dakars noch nicht das richtige Reiseandenken gefunden hat, wird bestimmt im Kunsthandwerkerdorf Soumbédioune an der Südwestseite der Halbinsel Kap Verde fündig. In dem 1961 errichteten Dorf arbeiten Goldschmiede, Maskenschnitzer, Töpfer und andere Kunsthandwerker in ihren kleinen Ateliers und verkaufen dort auch, was sie produzieren.

Einige Kilometer weiter nördlich an der Pointe des Almadies, dem westlichsten Punkt Afrikas, bietet die Natur ein grandioses Schauspiel. Die Dünung des Atlantiks bricht sich an den Basaltfelsen und schäumt am Fuß der Kliffs hoch. An der Rückseite des Vorgebirges befindet sich eine Art natürliches Aquarium, ein von der Brandung in die Felsen gegrabenes, seichtes Becken, in dem sich Tausende von Fischen und anderen Meerestieren tummeln. Restaurants und Luxushotels an der Pointe des Almadies versorgen sich hier mit Meeresfrüchten für ihre Gäste.

An der Nordseite der Halbinsel liegen mehrere Dörfer der Lebufischer: N'Gor, das sich immer mehr zum eleganten Badeort entwickelt, das alte Dorf Yoff in der Nähe des internationalen Flughafens, wo die *N'Deup*-Tänzer an bestimmten Wochentagen bei ihren wilden Tänzen in Ekstase fallen, und schließlich Kayar, dessen Fischer sich mit ihren Booten voller Todesverachtung durch die hohen Brandungswellen kämpfen.

An der gegenüberliegenden Seite der Halbinsel ist die Kraft der Brandungswellen gebrochen. Hier liegt Hann mit einem Yachthafen und einem sehenswerten botanischen Garten. Er entstand wie viele berühmte botanische Gärten als Freilandlabor, in dem man exotische Pflanzenarten auf ihre Klimaverträglichkeit untersuchte und verbesserte Anbaumethoden erprobte. In einem Tiergarten werden typische Savannentiere gezeigt.

Die Insel Gorée

Einst Umschlagplatz für Sklaven

Die winzige, nur etwa 1000 m lange und 300 m breite Insel in Sichtweite der senegalesischen Hauptstadt war jahrhundertelang ein

◀ *Die Häuser mit den kleinen Balkons stammen aus dem 17. und 18. Jh., als das Eiland Gorée vor Kap Verde seine Blütezeit erlebte.*

Zankapfel europäischer Mächte. Im Jahr 1444 von dem Portugiesen Dinis Dias entdeckt, kam das von den Portugiesen „Palmeninsel" genannte Eiland 1588 in die Hände der Niederländer, die es *Goede Reede* (Goeree, Gute Reede) tauften. Nach einem Zwischenspiel der Engländer um die Mitte des 17. Jh. ließen sich die Niederländer wieder auf Gorée nieder. Ihnen folgten die Franzosen, dann wieder die Engländer, kurzum: Gorée blieb wegen seiner hervorragenden strate-

▲ *Gorée: Blick über die rotbraunen Ziegeldächer alter Häuser auf den Hafen und das Fort d'Estrées*

gischen Lage jahrhundertelang ein Spielball der europäischen Großmächte und war zugleich Schauplatz zahlloser Kriege. Das lebhafte Interesse der Europäer an der winzigen Insel wurde noch dadurch verstärkt, daß Gorée sich zum wichtigsten Stützpunkt im internationalen Sklavenhandel zwischen Afrika und der Neuen Welt entwickelte. Zur Zeit des Höhepunktes des Sklavenhandels im 18. Jh. mußten hier zeitweilig mehrere tausend Menschen unter grauenvollen Bedingungen leben, auf einer Fläche, die eigentlich nur ein paar hundert Bewohnern ausreichend Platz bot. Erst die Abschaffung der Sklaverei zu Beginn des vorigen Jahrhunderts beendete seine traurige Berühmtheit. Gorée wurde von den meisten seiner Bewohner verlassen und steht seit der Gründung Dakars als Handelsplatz völlig im Schatten der heutigen Hauptstadt. Dafür wurde es zu einem überaus beliebten Ausflugsziel und Erholungsort für reiche Senegalesen und Touristen.

Bei einem Besuch Gorées, dessen Anlage seit der Zeit des Sklavenhandels ziemlich unverändert geblieben ist, ahnt man nichts von

▶ *Zwischen den Fischerdörfern und dem offenen Meer ziehen sich Sandbänke entlang. Nur Boote mit geringem Tiefgang können den Riffgürtel passieren.*

▲ *Der Senegalstrom, dessen Ufer kleine Ortschaften mit Lehmhäusern säumen, war ein wichtiger Handelsweg, auf dem Gold, Elfenbein, Ebenholz und andere Güter Schwarzafrikas transportiert wurden.*

seiner düsteren Vergangenheit. Die alten Kasematten, die Kerker und das Fort verfallen. Die UNESCO stellte die Insel als Weltkulturerbe unter besonderen Denkmalschutz, um zu retten, was noch zu retten ist. Zu den Gebäuden, die der Nachwelt als Mahnmal erhalten bleiben sollen, gehören u. a. das Sklavenhaus mit der eleganten Freitreppe außen und den winzigen, meist fensterlosen Zellen im Innern, in denen die Sklaven auf ihren Weitertransport nach Amerika warteten, das obere Fort und das erste Krankenhaus der Insel, in dem sich die Gründerin des „Ordens der Schwestern vom heiligen Joseph von Cluny" schon zu Beginn des 18. Jh. für die Aufhebung der Sklaverei und die Beendigung des Sklavenhandels einsetzte, der erst im frühen 19. Jh. zusammenbrach.

▲ *Die Töpfer von Podor formen aus Lehm, den der Senegal bei Hochwasser in seiner Stromaue ablagert, Töpfe, Krüge und andere Gefäße.*

St. Louis

Eine alte Kolonialstadt

Die größte Stadt im Norden des Senegal liegt 270 km nördlich von Dakar an der Mündung des Senegalflusses. Auch sie zehrt wie Gorée vom teilweise zweifelhaften Ruhm der Vergangenheit. Im Jahr 1634 verlieh Richelieu (1585–1642) der Handelskompanie von Rouen und Dieppe das Monopol auf den Handel mit dem Senegal. Vier Jahre später errichteten Kaufleute aus der Normandie in der Stadt ein Handelskontor, in dem bald nicht nur Gold, Ebenholz und Elfenbein, sondern auch Sklaven zum Umschlaggut wurden. Im Jahr 1854 stieg St. Louis sogar zur Hauptstadt des Senegal auf, mußte diesen Rang zu Beginn unseres Jahrhunderts aber an Dakar abtreten. Die Stadt blieb bis 1956 zwar noch die Hauptstadt der Kolonie Mauretanien und besitzt heute noch eine Universität, ist aber weit hinter Dakar zurückgefallen.

Die Häuser der malerischen Altstadt drängen sich auf einer langgestreckten Insel im Strom, auf der Île St-Louis. Drei große Brükken verbinden die Insel mit den Neustadtvierteln an den Flußufern. Eine trägt den Namen des französischen Gouverneurs Louis Léon Faidherbe, der zwischen 1854 und 1863 mit Eroberungsfeldzügen gegen die Mauren und Wolof die Herrschaft der Franzosen im Senegal festigte. Nach ihm ist auch der weite Platz in der Mitte der Insel benannt, um den sich die

▶ *Lang andauernde Trockenperioden führen im Sahel immer wieder zu Dürrekatastrophen. Wenn die Regenzeit ausbleibt, müssen die Hirtennomaden weite Strecken zurücklegen, um für ihr Vieh ausreichende Weiden zu finden.*

▲ *Während der Regenzeit haben Affenbrotbäume saftiggrüne Blätter, die von den Savannenbauern ebenso wie die länglichen, grünen Früchte als Gemüse zubereitet werden.*

bedeutendsten Bauten aus der Kolonialzeit gruppieren: der ehemalige Gouverneurspalast, das Offizierskasino, die Stabsgebäude, das *Hôtel de la Poste* und die 1827 erbaute katholische Kathedrale. Sie sind im französischen Stil des 19. Jh. errichtet und könnten ebensogut irgendwo in Südfrankreich stehen. Die alten Handelsfaktoreien, die europäische Kaufleute hier im 18. und 19. Jh. gründeten, erinnern dagegen mit ihren buntgestrichenen Holzportalen und den kleinen Balkonen an die kolonialzeitlichen Städte in der Neuen Welt, mit denen St. Louis jahrhundertelang einen einträglichen Handel trieb. Am rechten Ufer des großen Stroms erstrecken sich die Viertel der Kleinhändler und Fischer, ein Gewirr von niedrigen Häusern, Hütten und Wellblechbuden, über das hier und dort das Minarett einer Moschee ragt und in dem allerlei Haustiere frei zwischen den vielen Menschen herumlaufen.

Der Senegal mündet etwa 30 km südlich von St. Louis in den Atlantik. Dort dehnt sich ein breiter Dünengürtel aus, der die flache Küste über 150 km weit südwärts bis nach Dakar säumt. Im Nordosten der alten Hauptstadt, im Deltagebiet des Stroms, liegt der 160 km^2 große Djoudj-Nationalpark. Das tischebene Schwemmland ist während der sommerlichen Regenzeit eine amphibische, für den interessierten Besucher absolut unzugängliche Welt ohne Weg und Steg. Im Winter trocknen die Wasserläufe und Seen größtenteils aus, und die zahllosen Vögel, die das Delta bevölkern, drängen sich an den wenigen verbliebenen Wasserstellen in riesigen Schwärmen zusammen. Von Aussichtspunkten aus kann man in dieser Zeit einheimische Pelikane, Flamingos, Reiher, Enten, Gänse und viele seltene Wintergäste aus dem Norden aus nächster Nähe beobachten und fotografieren. Ein besonderes Erlebnis ist eine Fahrt mit dem Einbaum auf dem Djoudjfluß, der die Savannenlandschaft in weiten Schlingen durchquert. Ein solcher Ausflug bietet vor allem dem Hobbyfotografen viele Gelegenheiten zu eindrucksvollen Naturaufnahmen.

Die Petite Côte

Ferien an der „Kleinen Küste"

Der 150 km lange Abschnitt der Atlantikküste zwischen dem Kap Verde bei Dakar und der Halbinsel Sangomar an der Mündung des Saloum mit seinen weiten Sandstränden und dem angenehmen Klima hat ausgezeichnete Chancen, eines Tages als die „Senegalesische Riviera" bezeichnet zu werden. Die Einheimischen nennen ihn bislang jedoch noch Petite Côte (Kleine Küste), und der Tourismus hält sich in Grenzen. Von Nor-

▲ *Die Fadioutinseln im Südwesten der Republik bestehen zu einem großen Teil aus Halden weggeworfener Muschelschalen. Hier wurden auf Pfählen Speicher zur Lagerung von Erdnüssen und Hirse errichtet, um die Vorräte vor Überschwemmungen zu schützen.*

den her kommend, ist Rufisque, ein alter Umschlagplatz für Erdnüsse, die erste größere Ortschaft. Dann folgt Popenguine, die Sommerfrische des senegalesischen Staatspräsidenten und vieler Bürger der nahen Hauptstadt. Das Städtchen hat überwiegend katholische Einwohner, die alljährlich am Pfingstmontag in einer feierlichen Prozession ihre Schwarze Madonna verehren. Von Mbour, einem lebhaften Fischerhafen, verläuft die Küstenstraße weiter nach Süden, vorbei an mehreren luxuriösen Ferienzentren, die bei deutschen Gästen sehr beliebt sind. Sie endet in Joal, dem Geburtsort des ehemaligen Staatspräsidenten Léopold Senghor, der sich auch als Dichter einen Namen machte. Joal, von den Portugiesen gegründet, verrät immer noch einen starken europäischen Einfluß. Besonders reizvoll ist hier ein Spaziergang am Strand entlang, wo die Fischer ihre buntbemalten Pirogen aufs Trockene gezogen und gefangene Fische säuberlich aufgereiht haben. Ein Steg führt von der Stadt hinüber zum Inseldorf Fadiout am seeseitigen Rand der Lagune. Die Inseln, auf denen es errichtet wurde, könnte man als „Müllhalden" bezeichnen, denn sie bestehen aus weggeworfenen Muschelschalen. Seit mehreren hundert Jahren schon sammeln die Küstenbewohner in dieser Gegend des Senegal bestimmte Muscheln, verzehren den Inhalt und häufen die leeren Schalen zu meterhohen Hügeln auf, die an diesem Küstenstrich Senegals etwas Einzigartiges darstellen. Um die Vorratsspeicher auf den niedrig gelegenen Inseln vor Sturmfluten zu schützen, werden sie auf Pfählen errichtet.

Der äußerste Süden der Petite Côte mit der sandigen Halbinsel Sangomar, den Sümpfen, Lagunen und Mangrovendickichten der Saloummündung ist eine dünnbesiedelte Wildnis mit weiten, selten von Menschen besuchten Stränden, wahren Naturparadiesen. Sie wurde wegen ihrer artenreichen Fauna mit Seeschildkröten, Flußdelphinen und vielen anderen seltenen Tieren teilweise zum Nationalpark erklärt. Die kleinen Dörfer, die über das Gebiet verstreut liegen, sind oft nur mit einem motorisierten Einbaum zu erreichen.

Sine-Saloum

Salz, Erdnüsse und Menhire

Mit jeder Flut strömt Salzwasser in den Mündungstrichter des Saloum, dessen Unterlauf zusammen mit dem Sine ein weitverzweigtes Flußsystem bildet, verdunstet unter der heißen Sonne und hinterläßt schneeweiße Salzkrusten. Das in den Salinen gewonnene Salz wird von alters her in der Stadt Kaolack an Händler aus dem Binnenland verkauft. Die Hafenstadt ist aber nicht nur Umschlagplatz für Salz, sondern gleichzeitig das Zentrum eines bedeutenden Erdnußanbaugebiets. Früher türmten sich die Säcke mit den nahrhaften Nüssen an den Kais zu wahren Bergen auf, bevor sie in die Frachtschiffe verladen wurden. Heute wird der größte Teil der Erdnußernte mit der Eisenbahn zu den großen Seehäfen im Norden der Republik transportiert. Der Erdnußanbau geht seit einigen Jahren zurück, weil sich die senegalesische Regierung seit der Erlangung der Unabhängigkeit im Jahr 1960 bemüht, die

▲ *In der Casamance, der südlichsten Region des Senegal, hat sich in den vergangenen Jahrzehnten der Reisanbau stark ausgeweitet.*

mit vielen ökologischen und ökonomischen Problemen behaftete Monokultur durch einen vielseitigeren Anbau zu ersetzen. Trotzdem kann das Land auf die Deviseneinnahmen aus dem Erdnußexport nicht verzichten. In den Regionen Thiès, Diourbel, Kaolack und Nioro du Rip wird man daher den Erdnußbauern auch in den kommenden Jahren am Ende der Regenzeit bei der Arbeit auf den Erdnußfeldern zuschauen können: wie sie das verdorrte Unkraut verbrennen, dann die Bodenkrume sehr vorsichtig auflockern, um die darunterliegende, unfruchtbare Lateritkruste nicht freizulegen, und wie sie schließlich die Samen in die Humusschicht einbetten.

Die Umgebung von Nioro du Rip ist wegen ihrer Menhire, kreisförmigen Steingebilde und Grabhügel, international bekannt. Die Megalithkultur ist hier ausgeprägter als in Südengland oder in der Bretagne. Insgesamt wurden bisher rund 30000 Menhire in mehr als 1000 Steinkreisen gezählt. Die bis zu 2 m hohen Menhire bestehen hier aus ziegelrotem Lateritgestein. Man vermutet, daß auf ihnen einst Tiere geopfert wurden. Die Grabstätten innerhalb der Steinkreise stammen aus dem 7. oder 8. Jh. n. Chr., sind also wesentlich jünger als die Megalithgräber in Westeuropa.

Die Casamance

Häuser als „Regenfänger"

Die Region Casamance im äußersten Süden der Republik Senegal an der Grenze zu Guinea-Bissau ist zum Teil noch von tropischen Feuchtwäldern bedeckt. Hier ist die Heimat der Diola, die manche Forscher als die Nachkommen der alten Ägypter betrachten – eine eher vage Vermutung. Auf jeden Fall unterscheiden sich die Diola in ihrer Lebensweise, Religion und Kultur deutlich von den übrigen Völkern im Senegal. Sie bauen z. B. seit Menschengedenken Reis an, und jedes Jahr wird ein Teil ihrer Ernte zurückbehalten und in großen, kegelförmigen Speichern eingelagert, nicht als Vorrat für Notzeiten, sondern als sichtbarer Beweis für den Wohlstand der Familie, gedacht für den Tag, an dem der erstgeborene Sohn heiratet. Einzigartig in Afrika sind die Impluviumhäuser in den Dörfern Seleki, Enampore und Essyl,

▶ *In Seleki, einem Dorf in der Basse Casamance, sind die Dächer einiger Häuser wie Trichter geformt, um das Regenwasser auffangen zu können.*

deren Dächer wie riesige Trichter geformt sind, die von Lehmmauern getragen werden. Das Regenwasser, das in diesen Trichtern aufgefangen wird, rinnt an den Dachflächen ab und sammelt sich im Impluvium (lat.: Regenbecken), einem Wasserbassin, das sich im Innenhof unter der Trichteröffnung befindet. Von dort gelangt das gesammelte Wasser durch unterirdische Röhren in die Gärten. M'Lomp, eines der ältesten Dörfer der Region, fasziniert vor allem durch seine berühmten Lehmsäulen und kunstvoll verzierten Kapitelle. Manche Forscher sehen in diesen für schwarzafrikanische Dörfer ungewöhnlichen Schmuckformen altägyptische Stilelemente. Die Gesellschaftsordnung der Diola besitzt auch heute noch einen weitgehend archaischen Charakter. Einige Dörfer werden noch von einem König regiert, der, in rote Gewänder gekleidet und mit einem kurzen Besen als einer Art Zepter versehen, bei Erntefesten und anderen Feiern die Schirmherrschaft übernimmt. Auf dem Dorfplatz von Oussouye werden in einem Schrein noch immer die heiligen Fetische aufbewahrt, Heiligtümer eines Volkes, das den Bekehrungsversuchen des Islam und des Christentums widerstanden hat. Manchmal steht neben dem Schrein auf einem Ständer das aus einem Baumstamm gehauene große Kriegstamtam. Einen Steinwurf entfernt liegt der sogenannte Heilige Hain, den Fremde keinesfalls betreten dürfen. Dort finden monatelange Initiationsriten statt, mit dem Ziel, aus Jungen und Mädchen vollwertige Erwachsene zu machen. Das Ende der Zeremonie mündet in ein großes Fest, bei dem der Palmwein in Strömen fließt und das Tamtam die freudige Nachricht von einem Dorf zum andern verbreitet. Das Trommeln hallt durch den Urwald und schreckt die Affen auf, die sich laut kreischend in die höchsten Baumkronen flüchten.

Ziguinchor ist der Hauptort der Casamance und gleichzeitig einer der bedeutendsten Erdnußexporthäfen des Senegal. Von dort aus kann man mit dem Boot Ausflüge zu den alten Dioladörfern, zu verlassenen Siedlungen und in die amphibische Urwaldlandschaft beiderseits des Flusses Casamance unternehmen. Über Elinkine erreicht man mit dem motorisierten Einbaum die in der Mündung des Flusses gelegene Insel Karabane, wo die Ruinen einer alten Faktorei an die Portugiesen erinnern, welche die Insel jahrhundertelang besetzt hielten und sich erst im Jahr 1886 aus dem Land zurückzogen.

Am Kap Skirring mit seinen weißen, von Kokospalmen gesäumten Sandstränden, die zu den schönsten der Welt gehören, wurde ein Feriendorf des Club Méditerranée errichtet, das inzwischen zum Zentrum eines Seebads geworden ist.

Die Nationalparks

Tier- und Pflanzenreservate

Die Regierung hat in den vergangenen Jahren die bestehenden Nationalparks beträchtlich erweitert und neue eingerichtet, um die reiche senegalesische Tier- und Pflanzenwelt zu erhalten.

Von Norden kommend, erreicht man zuerst den Djoudj-Nationalpark, das erste große Tierreservat in Afrika, das für den Tourismus gut erschlossen ist. Hier versammeln sich alljährlich einige Millionen Vögel, darunter viele Zugvögel aus dem Norden, die im Deltagebiet des Senegal die kalte Jahreszeit verbringen. Enten, Gänse, Flamingos, Pelikane, Reiher und zahllose andere Wasservögel kreisen in riesigen Schwärmen über dem von Seen und Wasserläufen durchzogenen, in der Dürrezeit ausgetrockneten Delta, in dem auch Schakale und Zibetkatzen ihre angestammten Lebensräume haben. Eine ähnliche Tierwelt bevölkert die Lagune von Barbarie auf der Höhe von St. Louis. Dazu kommen Seeschildkröten, die in diesem Reservat ihre Eier in den warmen Sand legen und von der Sonne ausbrüten lassen. Im Mündungsgebiet des Saloum wurde ein 73 000 ha großes Naturschutzgebiet eingerichtet. Es beherbergt seltene Flußdelphine und Seekühe sowie zahllose Krokodile.

Das größte Naturreservat ist jedoch der rund 900 000 ha große Nationalpark Niokolo-Koba im Südosten des Landes auf halber Strecke zwischen Tambacounda und Kedougou. Er bietet den besten Überblick über die ursprüngliche Fauna des Grenzbereichs zwischen der Trocken- und der Feuchtsavanne mit ihren Galeriewäldern, Bambusdickichten und mannshohen Grasfluren. Hier kann man noch Elefanten, Büffel, Flußpferde, Löwen, Geparden oder Antilopen in freier Wildbahn beobachten.

▲ *Die trichterförmigen Dächer fangen das Regenwasser auf und leiten es durch eine Öffnung in einen Wassertank im Innern des Hauses.*

▲ *Im Innenhof der Impluviumhäuser befinden sich der Wassertank und eine Veranda, an der die Eingänge zu den Wohnräumen liegen. Die Kammern der Frauen sind von den Räumen der Männer streng getrennt.*

▶ *Das Landschaftsbild der südlichsten Region des Senegal, der tropisch-feuchten Casamance, wird von einer üppigen Vegetation und zahlreichen Teichen geprägt; der Jahresniederschlag ist hier deutlich höher als im Norden des Landes.*

▲ *Der Fluß Gambia ist die Hauptverkehrsader des kleinsten, nur knapp 810 000 Einwohner zählenden Landes auf dem Schwarzen Kontinent.*

Gambia

Die nur etwa 11 000 km² große Enklave im Senegal wird vom gleichnamigen Fluß in zwei Hälften geteilt. Der Strom, über den keine einzige Brücke führt, ist die Lebensader der ehemaligen britischen Kolonie.

TROTZ der relativ guten nachbarlichen Beziehungen, die am 1. Februar 1982 durch die Gründung der Konföderation Senegambia dokumentiert wurden, trennen Gambia und den Senegal Welten. Hier wie dort leben zwar Völker gleichen Ursprungs, aber die Unterschiede in der Mentalität sind kaum geringer als zwischen Engländern und Kontinentaleuropäern. Die Vergangenheit als britische Kolonie ist in Gambia allgegenwärtig, so z. B. im Stadtbild von Banjul, der an der Atlantikküste gelegenen Hauptstadt der für afrikanische Verhältnisse winzigen Republik. Auch beim Bildungswesen spürt man den britischen Einfluß. Das Staatsgebiet des seit 1965 unabhängigen Landes ist bis auf die etwa 50 km breite Küste vollständig vom Territorium Senegals, der einst französischsten Kolonie Afrikas, umschlossen. Dieses Kuriosum ist das Ergebnis endloser Auseinandersetzungen zwischen Briten und Franzosen, die bereits im 15. Jh. begannen und erst 1888 endeten, als die Briten ihren Vorposten zum Protektorat erklärten. Die Umwandlung in eine Republik erfolgte nach einer Volksabstimmung im Jahr 1970. Das kleine Land leidet, wie die Putschversuche zu Beginn der 80er Jahre zeigten, unter starken inneren Spannungen. Die vor allem in der Hauptstadt ansässige Oberschicht zeigt wenig Verständnis für ihre armen Landsleute im Hinterland. Die wirtschaftlichen Probleme Gambias – das Land verfügt über keinerlei Bodenschätze, der Ausbau des Fremdenverkehrs kommt nur schleppend voran – zwingen viele Bewohner des kleinen Staates zum Verlassen ihrer Heimat.

Karten, Fakten, Zahlen

Ägypten

Fläche: 1 Mio. km^2
Einwohner: 52 Mio.
Hauptstadt: Kairo, Stadt 6,3 Mio. Einw., Ballungsgebiet 13,2 Mio. Einw.
Bedeutende andere Städte: Alexandria, 2,82 Mio. Einw.; El Giza (Gise), 1,61 Mio. Einw.; Shubra al-Khaima, 473 000 Einw.; Port Said, 374 000 Einw.
Staatsform: Präsidiale Republik
Währung: 1 Ägypt. Pfund = 100 Piaster
Bevölkerung: 85 % Araber, 15 % Beduinen, Nubier, Berber und andere ethnische Gruppen
Sprache: Arabisch (Staatssprache)
Religion: 93 % Moslems (Sunniten), 6,8 % koptische Christen
Klima: Wüstenklima. Nur an der Küste Winterregen. Durchschn. Temp. im Juli zwischen 28 °C (Kairo) und 32 °C (Luxor), im Jan. zwischen 13 °C und 15 °C
Bodenschätze: Erdöl, Erdgas, Eisenerz, Phosphat, Salz
Hauptexportgüter: Erdöl, Baumwolle, Textilien, Reis
Pro-Kopf-Einkommen ($ im Jahr): 743
Bevölkerungswachstum (% im Jahr): 2,7
Lebenserwartung: Männer 58, Frauen 61

Tunesien

Fläche: 163 610 km^2
Einwohner: 7,81 Mio.
Hauptstadt: Tunis, 597 000 Einw.
Bedeutende andere Stadt: Sfax, 232 000 Einw.
Staatsform: Präsidiale Republik
Währung: 1 Tun. Dollar = 1000 Millimes
Bevölkerung: 98 % Araber, 2 % Berber sowie europäische Minderheiten
Sprache: Arabisch, Französisch
Religion: Moslems, christl. Minderheit
Klima: Im Norden Mittelmeerklima, sonst Steppen- und Wüstenklima. Durchschn. Temp. in Tunis im Jan. 10,2 °C, im Aug. 26,2 °C
Bodenschätze: Phosphat, Eisenerz, Zink, Blei, Erdöl, Erdgas
Hauptexportgüter: Erdöl, Mineralölprodukte, Phosphat, Bekleidung, Schuhe, Olivenöl, Wein, Getreide, Düngemittel
Pro-Kopf-Einkommen ($ im Jahr): 1130
Bevölkerungswachstum (% im Jahr): 2,6
Lebenserwartung: Männer 60, Frauen 63

Senegal

Fläche: 196 722 km^2
Einwohner: 7,11 Mio.
Hauptstadt: Dakar, 1,2 Mio. Einw.
Bedeutende andere Stadt: Thiès, 150 000 Einw.
Staatsform: Präsidiale Republik
Währung: 1 CFA-Franc = 100 Centimes
Bevölkerung: 40 % Wolof, 14 % Serer, 12 % Fulbe und andere ethnische Gruppen
Sprache: Französisch, Wolof, sudanesische Sprachen
Religion: Moslems 90 %, Christen 6 %, Stammesreligionen 3,2 %
Klima: Tropisch-wechselfeucht, im Norden fast ständig trocken. Durchschn.

Temp. in Dakar im Jan. 21,3 °C, im Okt. 28 °C
Bodenschätze: Phosphat
Hauptexportgüter: Erdnüsse, Erdnußöl, Phosphat, Fisch, Fischkonserven, Mineralölprodukte
Pro-Kopf-Einkommen ($ im Jahr): 370
Bevölkerungswachstum (% im Jahr): 2,9
Lebenserwartung: Männer 45, Frauen 48

Libyen

Fläche: 1,76 Mio. km^2
Einwohner: 4,23 Mio.
Hauptstadt: Tripolis, 989 000 Einw.
Bedeutende andere Stadt: Bengasi, 650 000 Einw.
Staatsform: Volksrepublik auf der Grundlage des Korans
Währung: 1 Lib. Dinar = 1000 Dirhams
Bevölkerung: 90 % Araber und arabisierte Berber, 4 % Berber und andere ethnische Gruppen
Sprache: Arabisch
Religion: Moslems 98 %, christliche und jüdische Minderheiten
Klima: Wüstenklima, nur in der nördlichen Cyrenaika Mittelmeerklima. Durchschn. Temp. in Tripolis im Jan. 12,2 °C, im Aug. 26,1 °C
Bodenschätze: Erdöl, Erdgas
Hauptexportgüter: Erdöl, Erdgas, Häute, Felle, Olivenöl
Pro-Kopf-Einkommen ($ im Jahr): 7500
Bevölkerungswachstum (% im Jahr): 4,3
Lebenserwartung: Männer 56, Frauen 59

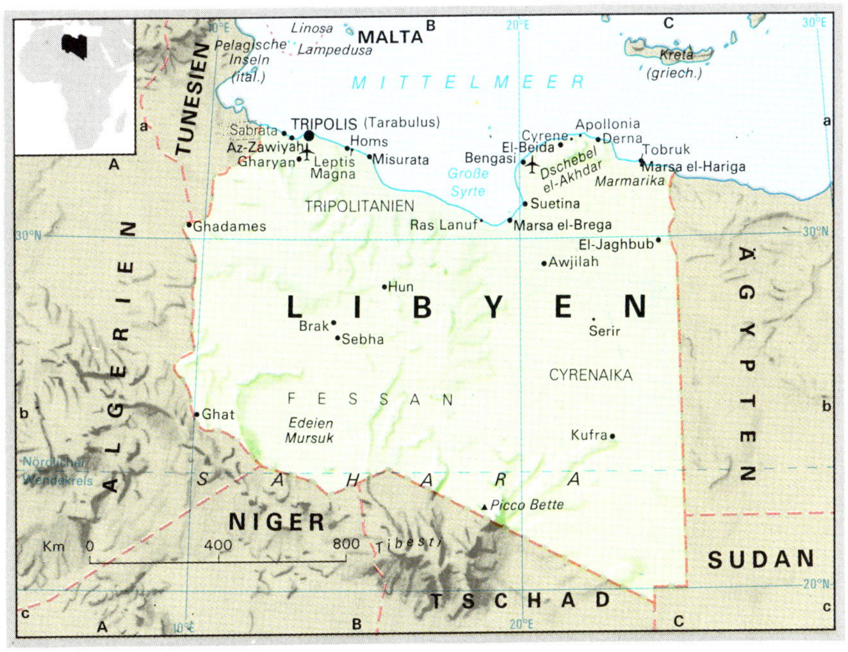

Marokko

Fläche: 446 550 km^2
Einwohner: 23,9 Mio.
Hauptstadt: Rabat, 1,03 Mio. Einw.
Bedeutende andere Städte: Casablanca (Dar-el-Beida), 2,5 Mio. Einw.; Fès (Fez), 590 000 Einw.; Marrakesch (Marrakech), 511 000 Einw.; Meknès, 410 000 Einw.; Tanger (Tangier, Tandscha), 338 000 Einw.
Staatsform: Konstitutionelle Monarchie
Währung: 1 Dirham = 100 Centimes
Bevölkerung: 60 % Araber und arabisierte Berber, 36 % Berber (Mauren), 4 % Schwarzafrikaner, Europäer und andere ethnische Gruppen
Sprache: Arabisch (Amtssprache), Berberdialekte, Französisch, Spanisch
Religion: Moslems 98 %
Klima: Subtropisch mit abnehmenden Niederschlägen zum Landesinnern hin. Durchschn. Temp. in Rabat im Jan. 13 °C, im Juli 23 °C
Bodenschätze: Phosphat, Blei, Zink, Kobalt, Kupfer, Eisenerz, Mangan
Hauptexportgüter: Phosphat, Erze, Zitrusfrüchte, Gemüse, Wein, Konserven, Teppiche, Textilien, Baumwolle
Pro-Kopf-Einkommen ($ im Jahr): 610
Bevölkerungswachstum (% im Jahr): 2,7
Lebenserwartung: Männer 56, Frauen 59

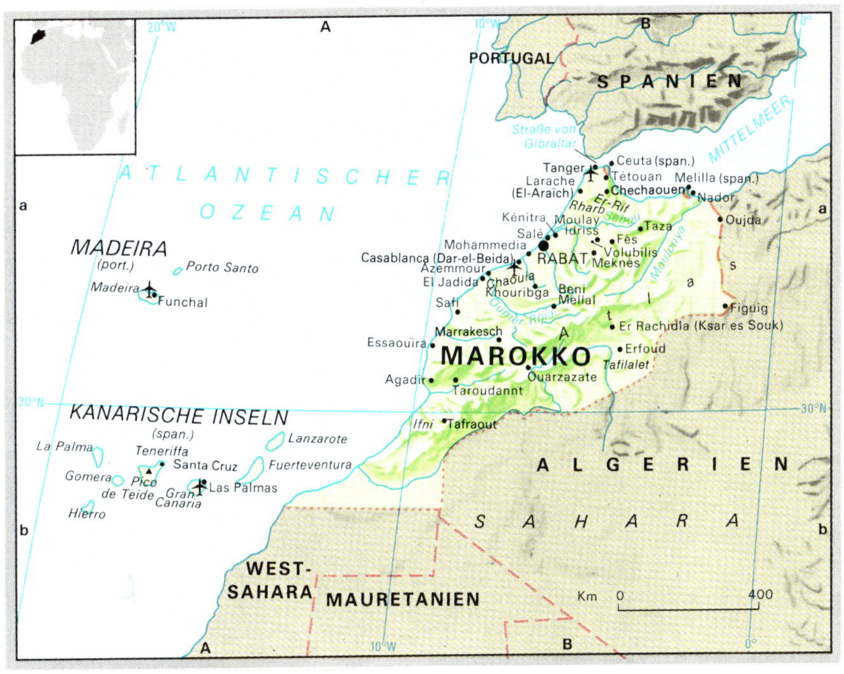

Gambia

Fläche: 11 295 km^2
Einwohner: 810 000
Hauptstadt: Banjul (Bathurst), 44 000 Einw.
Bedeutende andere Stadt: Serekunda, 68 000 Einw.

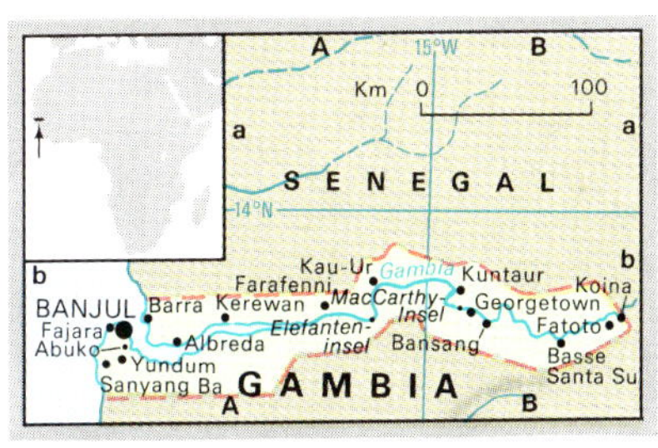

Staatsform: Präsidiale Republik
Währung: 1 Dalasi = 100 Bututs
Bevölkerung: 43 % Mandingo, 18 % Fulbe, 13 % Wolof, 7 % Diola, 7 % Sarakole und andere ethnische Gruppen
Sprache: Englisch (Amtssprache), Man-

dingo, Wolof, Ful und andere afrikanische Sprachen
Religion: Moslems 90%, Christen, Naturreligionen
Klima: Tropisch-wechselfeucht mit Regenzeit zwischen Juni und Okt., im Landesinnern trockener als an der Küste. Durchschn. Temp. in Banjul im Jan. 23 °C, im Juli 27 °C
Hauptexportgüter: Erdnüsse, Palmkerne, Fisch, Häute
Pro-Kopf-Einkommen ($ im Jahr): 230
Bevölkerungswachstum (% im Jahr): 3,3
Lebenserwartung: Männer 41, Frauen 44

Algerien

Fläche: 2,38 Mio. km^2
Einwohner: 22,8 Mio.
Hauptstadt: Algier (Al Djezair), 3 Mio. Einw.
Bedeutende andere Städte: Oran (Wahran), 660 000 Einw.; Constantine (Qacentina), 449 000 Einw.
Staatsform: Demokratische Volksrepublik (Einparteiensystem)
Währung: 1 Alg. Dinar = 100 Centimes
Bevölkerung: 82% Araber und arabisierte Berber, 17% Berber (Mauren), 1% Europäer
Sprache: Arabisch (Staatssprache), Französisch (Handelssprache)
Religion: Moslems 99% (Staatsreligion), christliche Minderheit (1%)
Klima: An der Küste Mittelmeerklima mit Winterregen, im Atlas Steppenklima, sonst Wüstenklima. Durchschn. Temp. im Aug. in Algier 25 °C, im Jan. 12 °C
Bodenschätze: Erdöl, Erdgas, Eisenerz, Phosphat, Zink, Uran
Hauptexportgüter: Erdöl, Erdgas, Mineralölprodukte, Eisenerz, Phosphat, Datteln, Früchte, Gemüse
Pro-Kopf-Einkommen ($ im Jahr): 2530
Bevölkerungswachstum (% im Jahr): 3,1
Lebenserwartung: Männer 61, Frauen 62

Mali

Fläche: 1,24 Mio. km^2
Einwohner: 8,92 Mio.
Hauptstadt: Bamako, 740 000 Einw.
Bedeutende andere Stadt: Ségou, 99 000 Einw.
Staatsform: Präsidiale Republik
Währung: 1 CFA-Franc = 100 Centimes
Bevölkerung: 23% Bambara, 9% Fulbe, 8% Senufo, 5% Songhai, 3% Tuareg und andere ethnische Gruppen
Sprache: Französisch (Amtssprache), Arabisch, verschiedene Stammessprachen
Religion: Moslems 90%, Naturreligionen 9%, Christen 1%
Klima: Wüstenklima, im Süden tropisch-wechselfeucht mit Sommerregen.

Durchschn. Temp. in Mopti im Jan. 23 °C, im Mai 33 °C
Hauptexportgüter: Baumwolle, Vieh, Häute, Felle, Trockenfisch, Erdnüsse
Pro-Kopf-Einkommen ($ im Jahr): 140
Bevölkerungswachstum (% im Jahr): 2,4
Lebenserwartung: Männer 40, Frauen 44

Mauretanien

Fläche: 1,03 Mio. km^2
Einwohner: 1,92 Mio.
Hauptstadt: Nouakchott, 450 000 Einw.
Bedeutende andere Stadt: Nouadhibou, 24 000 Einw.

Staatsform: Präsidiale Republik, derzeit mit Militärregierung
Währung: 1 Ouguiya = 5 Khoums
Bevölkerung: 80 % Mauren, 20 % Schwarzafrikaner (Tukulor, Soninke, Wolof u. a.)
Sprache: Arabisch (Amtssprache), Stammessprachen, Französisch (Handelsspr.)
Religion: Moslems 100 %
Klima: Wüstenklima; durchschn. Temp. in Nouakchott im Jan. 21 °C, im Sept. 30 °C
Bodenschätze: Eisenerz, Kupfer
Hauptexportgüter: Fischereierzeugnisse, Eisenerz
Pro-Kopf-Einkommen ($ im Jahr): 410
Bevölkerungswachstum (% im Jahr): 2,7
Lebenserwartung: Männer 45, Frauen 48

Bildnachweis

(l. = links; o. l. = oben links; u. l. = unten links; r. = rechts; o. r. = oben rechts; u. r. = unten rechts; o. = oben; M. = Mitte; u. = unten)

Umschlagvorderseite:
o.: Pavard/Fotogram; u.: Garbison/Fotogram

Innenteil:
6 o.: P. Tétrel; 6 M.: Martel/Gamma; 6 u.: Saint/Servan/Explorer; 7 o.: Weiss/Rapho; 7 u.: Sioen/C.E.D.R.I.; 8 o.: J.-L.-S. Dubois; 8 M.: J. Bottin; 8 u.: Adem/Rapho; 9: Beuzen/Top; 10 o. l.: C. Lénars; 10 u.: S. Held; 10/11: Sioen/C.E.D.R.I.; 11: S. Held; 12/13: Ross/Rapho; 14: Burnet/Contact; 15: Garanger/Sipa/Press; 16: P. Tétrel; 16/17: Sioen/C.E.D.R.I.; 18/19: S. Held; 20: Mathieu/A.F.I.P.; 21 o.: Charbonnier/Top; 21 u.: J. Bottin; 22 o.: Marthelot/A.A.A. Photo; 22 u.: Charbonnier/Top; 23: S. Held; 24 o.: A. Gaël; 24 u.: Villota/Image Bank; 24/25: Sioen/C.E.D.R.I.; 26 l.: C. Lénars; 26 r.: F. Daussint; 27: Georges/Sidoc; 28 l.: Frédéric/Rapho; 28 r.: P. Tétrel; 29 o.: A. Gaël; 29 u.: S. Chirol; 30 o.: Launois/Rapho; 30 u.: Lessing/Magnum; 31: Brake/Rapho; 32: F. Daussint; 32/33: P. Tétrel; 34 l.: P. Tétrel; 34 r.: S. Chirol; 35: Marthelot/A.A.A. Photo; 36 o.: P. Tétrel; 36 u.: Bright/Rapho; 36/37: Goldman/Rapho; 38/39: Sioen/C.E.D.R.I.; 40: Charbonnier/Top; 40/41: Gabanou/C.D. Tétrel; 42: Chernush/Image Bank; 43: Garanger/Sipa/Press; 44: Chernush/Image Bank; 45 o.: P. Tétrel; 45 u.: P. Tétrel; 46: S. Chirol; 46/47: Sieon/C.E.D.R.I.; 48: Audrain/Samivel/Rapho; 49: Jalain/Top; 50: C. Lénars; 50/51: TPL/IFA-Bilderteam; 52: M. Durazzo; 53: C. Lénars; 54 o.: Loirat/C. D. Tétrel; 54 u.: C. Lénars; 54/55: J. Bottin; 56 o.: Delu/Explorer; 56 u.: Corbineau/Top; 56/57: Desjardins/Top; 58/59: S. Held; 60 o.: S. Held; 60 u.: A.F.I.P.; 61: A. F.I.P.; 62/63: C. Lénars; 64 o.: Charbonnier/Top; 64 u.: M. Durazzo; 65: Charbonnier/Top; 66: S. Held; 66/67: Mandery/C.E.D.R.I.; 68: O. Wertheimer; 69: C. Lénars; 70: P. Tétrel; 71 o.: P. Tétrel; 71 u.: Thomas/Explorer; 72: Saint/Servan/Explorer; 73 o.: P. Tétrel; 73 u.: A. Robillard; 74 o.: Everts/IFA-Bilderteam; 74 u.: Garbison/Fotogram; 74/75: Perroton/Sidoc; 76 o.: P. Tétrel; 76 u.: Gérard/Fotogram; 76/77: P. Tétrel; 78/79: Fritz Schmidt/IFA-Bilderteam; 80: P. Lorne; 80/81: Gerster/Rapho; 82: Desjeux; 82/83: P. Boulat; 84 o.: Guillard/Top; 84 u.: Mandery/C.E.D.R.I.; 84/85: Vernier/Explorer; 86 o.: J. Bottin; 86 u.: Adamini/C.E.D.R.I.; 86/87: Henrion/Explorer; 88: Daussint; 89: Daoust; 90: S. Marmounier; 90/91: Loirat/C.D. Tétrel; 92/93: S. Held; 94 l.: Charbonnier/Top; 94 r.: Sappa/C.E.D.R.I.; 95: S. Marmounier; 96: Joffre/Explorer; 96/97: J.-L.-S. Dubois; 98: Sappa/C.E.D.R.I.; 98/99: Welsh/IFA-Bilderteam; 100 o.: Sappa/C.E.D.R.I.; 100 u.: Sappa/C.E.D.R.I.; 100/101: Sappa/C.E.D.R.I.; 102: Sappa/C.E.D.R.I.; 102/103: Welsh/IFA-Bilderteam; 104 o.: Lepanot/Fotogram; 104 u.: Sappa/C.E.D.R.I.; 105: Barbey/Magnum; 106: Weiss/Rapho; 107 o.: Barbey/Magnum; 107 u.: Reichel/Top; 108: A. Robillard; 108/109: H. Gruyaert/Magnum/FOCUS; 110: Sappa/C.E.D.R.I.; 111 l.: Favreau/Fotogram; 111 r.: Charbonnier/Top; 112 o.: Sappa/C.E.D.R.I.; 112 u.: Sappa/C.E.D.R.I.; 112/113: Joffre/Explorer; 114 o.: Sappa/C.E.D.R.I.; 114 u.: S. Marmounier; 115: Everts/IFA-Bilderteam; 116 l.: Barbey/Magnum; 116 r.: Gaugez/Fotogram; 117: J.-L.-S. Dubois; 118/119: Sappa/C.E.D.R.I.; 120 o. l.: Sappa/C.E.D.R.I.; 120 u.: Joffre/Explorer; 120/121: Sappa/C.E.D.R.I.; 122: Sappa/C.E.D.R.I.; 122/123: Sappa/C.E.D.R.I.; 124: Loirat/C. D. Tétrel; 125: Pavard/Fotogram; 126/127: Renaudeau/Top; 128 o.: Balafon; 128 u.: Marenthier/Hoa/Qui; 129: Renaudeau/Top; 130: Hoa/Qui; 130/131: Rafi/Balafon; 132: Hoa/Qui; 133: Renaudeau/Top; 134/135: E. Cuvillier; 136 o.: C. Lénars; 136 u.: C. Lénars; 136/137: Gerster/Rapho; 138: Renaudeau/Top; 138/139: Diat/IFA-Bilderteam; 140 o.: C. Lénars; 140 u.: Renaudeau/Top; 141: Bossu/Picat/Fotogram; 142: Jalain/Top; 142/143: C. Lénars; 144: Renaudeau/Top; 145: J. Bottin; 146/147: Saucez/Explorer; 148: Renaudeau/Top; 148/149: Renaudeau/Top; 150: A. Lepage; 150/151: Chourgnoz/Balafon; 152 o.: M. Déribéré; 152 u.: Lozouet/Image Bank; 152/153: B. Desjeux; 154/155: Hoa/Qui; 156 l.: J. Gabanou; 156 r.: B. Desjeux; 157: B. Desjeux; 158: B. Desjeux; 159: M. Déribéré; 160 o.: Renaudeau/Top; 160/161: Renaudeau/Top; 161 o.: Renaudeau/Top; 161 u.: Faes/Atlas/Photo; 162: B. Desjeux; 163: J. Zwart/Beeldbank; Karten: 164–167 Reader's Digest.